改变的勇气

COURAGE TO CHANGE

弘丹 张雯琪 胡斐飞
—— 主编 ——

北京日报出版社

图书在版编目（CIP）数据

改变的勇气 / 弘丹, 张雯琪, 胡斐飞主编. --北京：北京日报出版社, 2025.9. — ISBN 978-7-5477-5327-9

Ⅰ. B848.4-49

中国国家版本馆CIP数据核字第2025PV6746号

改变的勇气

出版发行：	北京日报出版社
地　　址：	北京市东城区东单三条8-16号东方广场东配楼四层
邮　　编：	100005
电　　话：	发行部：（010）65255876
	总编室：（010）65252135
印　　刷：	河北盛世彩捷印刷有限公司
经　　销：	各地新华书店
版　　次：	2025年9月第1版
	2025年9月第1次印刷
开　　本：	880毫米×1230毫米　1/32
印　　张：	9.75
字　　数：	168千字
定　　价：	59.00元

版权所有，侵权必究，未经许可，不得转载

序言

　　人生最不可或缺的，就是勇气，而改变的勇气，更加难能可贵。人生的转机，往往源于勇敢地改变。

　　那么，我们究竟会因为什么而改变？

　　我们会因为痛苦而改变。当我们遇到让自己痛的事情，可能就会改变。比如，突然失业，亲人离世，身体疼痛，都是让我们下定决心改变的契机。

　　我们也会因为爱而改变。当我们找到自己热爱的事情，改变就会悄然发生。

　　就像10年前，我因为看了一篇文章，第二天早起1小时写下400字日记，一个人坚持写日记6个多月，然后开启自媒体写作。转眼10年过去了，我从一个IT女工程师，成为出版了10本书的畅销书作家，并影响了几万人跟我一起写作。

两个孩子的出生，带给我很多的改变。我大量阅读育儿书籍，学习家庭教育课程，开始了孩子创意写作以及英语启蒙等方面的创作。同时，我开设了"AB妈妈弘丹"的育儿账号，成为一名育儿博主。

无论是因为痛苦而改变，还是因为爱而改变，当你改变之后，你都会感谢当初勇敢的自己——幸好当时做出了改变的决定，要不然现在的自己，恐怕是另一副模样。

当我想到《改变的勇气》这个书名时，内心是非常激动的。2025年，对我来说，是非常特别的一年。1月份，二宝出生，我正式升级为二孩宝妈。2025年，也是我写作10周年。

写作10周年，我送给自己的一份礼物，就是《改变的勇气》。我想对自己说："人生不管到了什么年纪，都要拥有改变的勇气。"

这个世界上唯一不变的，就是变化。要拥抱变化，勇于改变。

接下来，我想向你分享三条我亲身实践过的"改变心法"。

第一，勇敢

勇气是一个人最珍贵的才华。当我们想要改变时，常常会担心：万一失败了怎么办？万一做不好怎么办？这个时候，我们需要勇气推自己一把。不管怎么样，先行动起来。

你所想要的美好，都在舒适区外。敢于拥抱未来，敢于面对不确定性，走出熟悉的圈子，勇敢尝试未曾体验过的事情，也许我们会迎来人生新的可能。

第二，微行动

真正的改变，并非惊天动地的壮举，而是从一个个微小却持续的行动开始的。

很多人抗拒改变，是觉得改变太痛苦，自己做不到。我们可以用微行动实现"无痛改变"。比如，阅读5页书，写50字日记，都是你毫不费劲就可以做到的事情。

改变5%，人生从此大不同。开始微行动，你会发现在不知不觉中，自己已经发生了巨大的改变。

第三，做时间的朋友

改变并不是一蹴而就的，我们要做时间的朋友。

20多岁时，我总幻想"脱胎换骨"式的改变，希望自己在一夜之间变得不一样。

随着年龄的增长，我越发认识到：真正的改变，靠的是日积月累的耐心和坚持。

微小的改变，叠加时间的复利，可以创造奇迹，也能推动命运齿轮的转动。正如罗振宇所说，"普通人的努力，在长期主义的复利下，会积累成奇迹。"

坚持做能产生复利的事情，坚持和时间做朋友，当你回头看时，会惊讶地发现：原来自己早已走过千山万水，变成曾经梦寐以求的模样。

很多人都会后悔自己当初没有勇敢地改变,却很少有人会后悔自己曾经的改变。

当你有了改变的念头,就勇敢迈出第一步吧。不要惧怕失败,也不要等待完美的时机。人生是一场旅行,每一次微调方向,都会走出一条完全不一样的道路。

改变,常常源于一个偶然的机会。就像2015年,我因为一篇文章,从零开始写作,从此开启了完全不一样的人生。

《改变的勇气》这本书,汇聚了作者们真实、动人的故事。也许你在阅读某位作者的文章时,也会被深深触动,从而引发你的改变。

张雯琪 国家二级心理咨询师,人才测评师,《留学生日报》特邀首席心理咨询师,"AI+心理咨询"youcai.ai联合创始人。她从童年创伤中走出来,成为心理咨询师的经历,展现了生命的韧性。

胡斐飞 做读书博主6年多,深耕跨界写作5年,上海荆迈网络科技有限公司(汽配行业)社媒运营负责人,高级互联网营销实战专家。过往成长的环境成为她的枷锁,内心如风暴中的一叶扁舟。每到命运转折点时,总有贵人助力她踏平坎坷。她对自己过往的经历进行了梳理,自我剖析极为深刻,与自己和解后,重获人生的掌舵权。

何伊庭 歌手,畅销书和专栏作家,北京何伊庭科贸有限公司总经理。她在国企任职期间，凭借自身敏锐的洞察力，看到了行业发展趋势，明确了自身发展诉求，于是勇敢地踏上自主创业之路。她学习自己感兴趣的各方面知识，提升了认知水平，紧跟时代的步伐奔跑。

烟雨 曾为小学数学教师，成都永陵博物馆志愿者，华南师范大学研究生。她实现了从专科生到研究生的学历提升，因热爱写作而成为一名畅销书作家。后辞去教师工作，涉足茶艺与花艺。她不局限于一种生活模式，善于打破常规，在不同的领域发现了生命的无限可能。

苏莉 舞动文字的写作教练，热爱旅行的职业生涯规划师，挑战自我的终身成长者。她从写作教练转变为成长领航员，展现了知行合一的力量。

陈雪 大童云美高端风险管理事务所创始人，中国人民大学传播学硕士，斯坦福大学设计人生认证教练，"Her Voice回声场"计划发起人。从IT从业人员到中医传承人，她的经历对于女性多维成长的启示性较强。

棠田 自媒体博主，终身成长者。从体育生到销售精英，再到写作爱好者，她的经历诠释了多维度成长的意义，充满正能量。

徐淇 南洋理工大学校友，世界500强IT企业超过10年工作经验，新加坡保险业10年从业经验，中国国家理财规划师，新加坡IBFA高级理财师。作者第一次改变是为自己，第二次改变是为家人，第三次改变是为了实现内心的觉醒。作者内心细腻、豁达、坚韧，对于AI的发展趋势有洞察力。

熠婷 "90后"职场宝妈,英国东尼·博赞思维导图认证管理师,儿童阅读指导师。热爱阅读、写作,在简书平台上创作了800余篇随笔,曾持续日更600余天,立志用文字创造美好人生。

周文心 985大学硕士,二孩职场妈妈,阅读写作爱好者。从农村到都市,她的经历闪耀着奋斗的荣光,彰显出女性独立的价值。

佟小月 RIA学习法导师,三级拆书家,感恩日记深度践行者。她用10年试错,证明"人生没有白走的路"。她的反思深刻,对于在迷茫中寻找方向的读者有参考意义。

潇敏 12年金融行业从业经验,"90后"培训管理师,终身成长践行者。原生家庭的托举,让她骨子里有种韧性和勇气。她生完孩子后,努力在工作与生活之间寻求平衡,勇于跳出舒适圈,在未知领域重塑自我,重新定义价值。

陈丹丹 资深人力资源工作者,写作者,终身学习成长者。她从HR到创业者,用干练的语言诠释了"终身成长"的真谛,对职场女性的激励性较强。

林简芯 个人成长教练、关系教练,ICF(国际教练联合会)专业认证教练认证中,阅读写作爱好者,享受活到老学到老的人生,智慧父母践行者。她通过教练思维重塑亲子关系,教授的方法实用,在家庭教育方面有深刻见解。

管奇 职业培训师,畅销书作家,国家高级培训咨询师,中国培训师研究院副院长。《激活人才》《高效管理法则》《共情领导力》等畅销书联合作者。为1000余家企业提供过服务，培训过8万余名学员。从学生时代发奋学习，到步入职场后不断突围，他敢于尝试，创造了人生的更多可能。

予一 咨询工程师，中级经济师，二孩妈妈，持续学习者。她通过写作疗愈自我，展现了文字的力量。

圆方 喜欢阅读、画画、中医。从创业到自学中医，体现了作者"变中求进"的智慧。作者叙事沉稳，反思深刻，应对中年危机的方式具有参考价值。

葛军 心理咨询师、家庭教育指导师。16年央企酒店管理经验、6年安全管理经验。他从军人转变为心理咨询师的经历，体现了终身学习的重要性，对于想谋求中年转型的人士有较强的指导意义。

贰拾玖画生 建筑行业测绘工程师，公众号作者。作者从测绘工程师到作家的身份转变，展现了持续学习的价值。观点实用，有较强启示性。

六月 高级讲书人，007写作大使，全脑诗词记忆讲师，"诗意诗篇"公众号主理人。她在绝境中转念，寻回生活的勇气，直面高额负债的现状。因为有贵人引路，她把握住了逆袭的机会，历经千辛万苦，终于还清了债务。她的故事，体现出勇气的重要性和改变的价值。

张博 笔名清风贤士，作家、诗人、职业警察，任新疆吐鲁番市公安文联作协主席，吐鲁番市高昌区文联副主席，代表作有《党旗飘扬》《警魂颂》等。从警察到作家，他对生命的蜕变进行了深刻思考，认知到生命有多种可能性。

馨韵笑笑 "80后"二孩宝妈，热爱策划的媒体人，拥有副高职称。她以强大的自制力和意志成功减肥；在新单位，面对陌生业务迎难而上，凭借一股拼劲崭露头角；克服种种不利条件，扛住压力，二战考研上岸。改变的勇气是她披荆斩棘的利刃，使她实现了精神成长。

小毅写作 读书博主，写作博主，《读点金句》推荐官，《从零到日更2000字快乐写作课》讲师。作者通过日更写作突破自我，持之以恒的精神让人十分佩服。坚持写作培养了作者坚韧的品质，使作者的思想更加通透。作者的生活因此变得更加充实和富足。

白禾 国家二级心理咨询师，中级社会工作师，中级家庭教育指导师，社会工作实践者。她从举手恐惧者到社区工作者的经历，展现了改变的勇气与疗愈的力量。

唐亚 资深上海落户顾问，深耕儿童阅读11年，高级家庭教育指导师。她从抑郁主妇转变为家庭教育指导师，传递出"改变源于勇气"的信念。

昂刚 芜湖市楹联学会理事，安徽省摄影家协会会员，帆书（原樊登读书）知识顾问兼活动讲师。他坚守艺术文化与教育研究方向多年，对传统与现代的融合有独到见解，他对于文化传承的使命感令人敬佩。

文华 女性国学智慧成长导师,心理咨询师,生涯规划师,高级家庭教育指导师。她从国学导师转变为心理咨询师,将传统文化与现代智慧融合为一体。她的经历对于女性成长有深刻启示。

黄美瑜 民办高职学院财务处处长,美国俄克拉荷马城市大学教育硕士,音乐与儿童绘本故事爱好者。她以梦想为线索串联起自己的成长历程,因妹妹的改变而受激励,选择留学进修,后因慈善工作而与教育结缘,从事教育扶贫工作。作者的教育理念引人深思,给人以启发。

茂菘 第二军医大学硕士研究生,新疆巴州人民医院心脏中心副主任医师,退役军人,中医爱好者。作者从山村走出,先开启军旅生涯,后进入医学领域,生命中的几次选择体现出作者的智慧和勇气,以及不屈不挠、奋发向上的精神。现在,医生的使命和责任又促使作者义无反顾地踏上中医学习之路。

潘伟涛 主业口腔医生,副业开办美和熹阅书社,推广美和熹阅书社读书会。作者通过讲述自己的经历,由浅入深地探讨了如何进行自我改变,强调了知行合一的重要性。作者十分善于思考,见解极其深刻且富有哲理。

乔源 乔源财富系统创始人,国际演说学院认证授课讲师,web3.0(AI人工智能+数字经济)的先行者,曾服务10万多家企业税务健康的守护者,价值投资与风险管理的平衡专家。作者经历了投资失败、家庭危机以及至亲患病等艰难时刻,凭借改变的勇气,在困境中找到新出路，实现人生价值，也为家人创造了更好的生活条件。

硕秋 "70后"不服输退休大姐，高效记忆法传播者，终身学习践行者。她的奋斗史充满戏剧性，从复读到创业，再到投身教育行业，展现了一位"70后"女性的韧性与智慧。

安如 成长型宝妈，南昌大学临床药学学士，健康管理师，公共营养师，国家三级心理咨询师，背诵书籍践行者。她从科学减肥者到健康管理师，对身心平衡进行了深入的探索，传递了自我疗愈的力量。

海妈黄慧 上市IT公司高级项目经理，非遗中医点穴传承人，眼睛不烦创始人，已帮助10000多个家庭养护视力。她以中医传承者的身份推广传统医学，用中医的方法守护孩子的健康，展现了母性的光辉。

白雪 教育工作者，从小热爱写作。从美术梦碎到成为教育工作者，作者积累下多年的教育培训经验，诠释了热爱的真谛。文章情节动人，对艺术与生活的描写深刻。

颜学梅 中国青年作家学会理事，青年作家网、中国海南海岛作家村签约作家，2023年加入"书香学舍"，作品在全国各类征文比赛中荣获多项大奖，入选《纸满云烟》《富足的力量》《2024年度华语文学精品选》等书。她的文学追梦路充满诗意，文字如月光般温柔，充满艺术感染力。

清优 南京大学研究生，国企职员，县作家协会会员。愿用文字记录生活，分享所思所想。她的文章传递了坚韧的力量，情感真挚，细节动人，对于在逆境中成长的描写很激励人心。

谷升 企业营销顾问，有20年营销实战经验。前阿里铁军销冠、前阿里云运营专家。服务过1100家中小企业。她讲述了自己的成长经历和职业发展历程，分享了自己的体悟，强调了终身学习的重要性。

云紫 英语提分规划师，字美美练字学堂公众号编辑，全媒体运营师，IP操盘手，帆书兼职班主任，服务学员超过1000人。从传统行业转入新媒体行业的奋斗历程，展现了作者在逆境中的成长与突破。语言流畅，激励人心。

张加加 中央财经大学金融学学士，法国EDHEC（北方高等商学院）硕士。钢琴、古筝业余选手（钢琴10级、古筝5级）。从事过上市公司风控管理岗位，曾在多家央国企券商投行工作。她以考证为切入点，分享了自己在备考过程中的学习方法、经验和心得，具有一定的参考价值。

希望我们都拥有改变的勇气。从今天开始，用微行动改变5%，做时间的朋友，活出自己想要的人生。

非常推荐你添加本书作者们的微信，跟作者们近距离交流，围观他们的朋友圈。也可以添加我的微信，未来我会帮助至少1000位作者实现出书的梦想。

我要感谢每一位作者，我们一起写下自己的改变故事，共同创作了这本书。也特别感谢大咖书房的用心策划，为这本书的出版付出了很多心血。

  同时,感谢阅读这本书的你,我们能因书结缘,我特别开心。希望这本书能带给你改变的信心、勇气和力量,使你勇往直前,活出属于自己的独一无二的人生。

弘丹

畅销书作家、《AI写作宝典》等书作者

CONTENTS 目录

张雯琪
生命不息，折腾不止——世界那么大，我要去敲钟　　01

胡斐飞
破浪前行三十载：掌控自己的船桨驶向静谧的深海　　11

何伊庭
变是这个世界的常态，拥有改变的勇气，无往不利　　19

烟雨
拥抱改变，勇气照亮前行之路　　27

苏莉
用写作冲锋，点燃成长蜕变的勇气之火　　33

陈雪
在变化中寻找光：一位年过 35 岁妈妈的人生重组方程式　　40

棠田
校园、销售、写作绘就精彩人生　　　　　　　　　　47

徐淇
中年觉醒的力量，第二曲线进行时　　　　　　　　54

熠婷
理科生皮囊里的文科魂：在矛盾中走出自己的改变之路　　61

周文心
始终向上生长，突破人生挑战　　　　　　　　　　68

佟小月
不断试错的人生剧本成为我行动的勇气　　　　　　75

潇敏
以勇气为笔，在命运裂隙中书写人生进化论　　　　82

陈丹丹
改变的勇气，是不忘初心的自我迭代　　　　　　　90

林简芯
爱不是用力，勇气也无需完美　　　　　　　　　　98

管奇
以改变之名，绽放生命之光　　　　　　　　　　　105

予一
33 岁，我选择再走写作跃迁之路   111

圆方
人生就是走自己的路，看自己的风景   118

葛军
改变，从按下重启键开始   124

贰拾玖画生
用勇气实现人生的蜕变   131

六月
请坚信，即使身处谷底，你的未来依然光芒万丈   138

张博
藏蓝青春的逆袭密码，从麦田到笔尖的重生手记   145

馨韵笑笑
爆改人生三连击   153

小毅写作
勇敢迈步，用写作改变自己   159

白禾
三次改变，从怯懦走向自洽   166

唐亚
被命运发烂牌的人,如何打出王炸人生　　　　　　　　　173

昂刚
跨越山海,终成讲台追光者　　　　　　　　　　　　　180

文华
我命由我不由天　　　　　　　　　　　　　　　　　　188

黄美瑜
怀抱梦想,勇于改变　　　　　　　　　　　　　　　　195

茂菘
破茧成蝶是我前半生最好的"注脚"　　　　　　　　　201

潘伟涛
认知破局,主动改变自己　　　　　　　　　　　　　　208

乔源
用勇气打破命运枷锁,以信念解锁人生无限可能　　　　214

硕秋
永不服输的70后:我与命运较量的逐梦人生　　　　　222

安如
允许一切发生,你将变得无所畏惧　　　　　　　　　　229

海妈黄慧
从 IT 精英到中医传承者：一个妈妈的成长蜕变之旅   236

白雪
破茧重生的自我超越   243

颜学梅
跟着月亮走，乘风逐梦——我的逆袭之旅   250

清优
在改变中遇见更好的自己   257

谷升
改变是主动进行认知迭代，站在未来看现在的自己   265

云紫
从园林到屏幕：一名新媒体操盘手的转型突围战   272

张加加
在时代的洪流里永远不要放弃自己   279

张雯琪

生命不息，折腾不止
——世界那么大，我要去敲钟

华西医科大学毕业 ●
国家二级心理咨询师 ●
人才测评师 ●
《留学生日报》特邀首席心理咨询师 ●
"AI+心理咨询"youcai.ai联合创始人 ●
《改变的勇气》联合主编 ●
成功规划女儿美本双专业3年荣誉毕业，直升Top10大学人工智能博士 ●

当《改变的勇气》这本书发来联合主编邀稿时，我恰好正在筹备一场线上心理咨询。这就像是命运特意安排的一次邂逅，尤其是那书名瞬间击中了我，仿佛是为我过往人生写下的精准注脚，每一个字都敲在我灵魂的共鸣点上，那些被岁月尘封的记忆，如同潮水一般汹涌而来，将我淹没在往昔的波澜之中。

01 童年往事：黑暗中的微光

记忆深处，童年的我生活在一座被阳光宠溺的城市，四季温润，日光柔和。家中那栋古朴的祖宅，承载了我最初的温暖与安宁。祖宅里，父亲的书房是我的秘密花园，那把老旧却舒适的藤椅，更是我畅游知识海洋的"宝座"。每当清晨的阳光透过雕花窗棂，洒在摊开的书页上，光影交织，好似一场时光的舞蹈，我沉醉其中，感受着知识带来的无尽欢愉。父母身为教师，虽家境并不殷实，但家中处处弥漫着浓郁的书香气息。庭院里，花木繁茂，微风吹过，屋檐下的风铃发出清脆的声响，和着鸟鸣，谱写出一曲宁静祥和的乐章。

然而，命运的巨轮却在不经意间陡然转向。那噩梦般的一天，至今仍像一道无法愈合的伤疤，深深刻在我的心头。父亲被带走的那一刻，时间仿佛凝固，他回头望向我们的眼神，充满了眷恋与担忧，那一刻，世界仿佛崩塌。我们被迫离开熟悉的城市，被命运裹挟着前往一个偏远的山村。从繁华喧嚣的都市，一下子坠入寂静闭塞的乡野，这巨大的落差，如同从云端跌入谷底。但即便身处黑暗的深渊，也总会有微光悄然降临。我的启蒙老师姓郝,她是我生命中出现的第一束光。开学第一天,我哭着不肯迈进教室半步。她轻轻蹲下身子,温柔地拍了拍我的肩膀,指着地上一只奋力爬行的蚂蚁对我说:"你看这只蚂蚁,它虽然渺小,却从未放弃前行,始终坚定地朝着目标前进,你也一样,拥有无限的力量。"此后的日子里,她总是默默地给予我关怀与庇护。她常常以"补课"为由,将我留在教室,避开那些充满恶意的同学;批改作业时,她会"顺便"塞给我几颗糖果,那甜蜜的味道,瞬间驱散了我心中的阴霾;寒冷的冬日,她又会"巧合"地多带一件衣服,为我抵御严寒。她的每一个举动,都如同一盏盏明灯,照亮了我黑暗的童年,让我在绝望中看到了希望的曙光。

母亲,更是我生命中最坚实的依靠。在那个重男轻女思想严重、女孩大多早早嫁人的山村里,母亲却以惊人的毅力和决心,坚持让我和哥哥姐姐继续读书。她常挂在嘴边的一句话是:"知识是你能带走的唯一财富,黑暗总会过去,但没有知识,即便光明来临,你也无法把握。"为了给父亲申诉,她不辞辛劳,一趟趟往返几十公里的山路,无论风雨如何肆虐,从未有过一丝退缩。她那瘦小却坚毅的身影,成为我心中永不磨灭的力量源泉。

母亲多年的坚持与等待终于迎来曙光,父亲的冤案得以平反!我们一家重新回到了原来的城市——昆明,回到了那座承载着无数记忆的祖宅。搬家那天,母亲在院子里亲手种下一株山茶花,她轻声说道:"哪怕是最贫瘠的土壤,也能绽放出最绚烂的花朵。"那一刻,我望着母亲满是欣慰的笑容,心中暗暗发誓,一定要像这山茶花一样,无论经历多少风雨,都要勇敢地绽放。

02 破茧之路：从白大褂到创业战场

经历了千军万马过独木桥的高考，我以优异的成绩踏入了四川成都的"华西医科大学"这座拥有百年历史的医学殿堂。在华西的6年时光里，我如饥似渴地汲取着医学知识，不仅系统地掌握了扎实的医学理论和临床技能，更在一次次的实践与学习中，培养了严谨的科学思维和对生命的敬畏之心。

离家那天，母亲将一包云南小粒咖啡小心翼翼地塞进我的行李，她微笑着对我说："想家的时候，就泡一杯，记住，属于你的人生味道，要靠自己去调配。"母亲的话语，如同温暖的春风，吹散了我心中对未知旅程的恐惧与迷茫。

在大学的学习生活中，我对解剖课程的热爱，并非源于冰冷的尸体，而是着迷于每一次探索背后所揭示的生命奥秘。每一具遗体，都曾是鲜活的生命，他们带着各自的故事与经历，来到我们面前。每一次解剖，对我而言，都是一次与生命的深度对话，是对生命的崇高致敬。

毕业后，我被分配到北京一家肺部疾病研究所。穿上白大褂的那一刻，我望着镜中的自己，心中满是对未来的期待与憧憬："这，会是我一生的归宿吗？"然而，研究所的工作，虽然稳定，却渐渐让我感到一种难以言说的压抑。科研工作的节奏有条不紊，但日复一日的数据分析和文献整理，让我逐渐陷入一种机械的惯性，曾经对医学的满腔热情，也在这平淡的日常中渐渐消磨。

直到我偶然遇到外企的招聘机遇，要求具备医学背景和流利英语，这瞬间点燃了我内心渴望改变的火焰。这次招聘组织了一场超过

400人参与的激烈考试，竞争的激烈程度超乎想象。当时我的英语水平并不出众，但凭借着在医学领域深厚的专业积累，以及对知识的不懈追求所培养出的诚恳工作态度，我顺利通过了笔试，并成功闯入面试环节。在面试中，我坦诚地展现自己在医学方面的专长，以及对新知识、新环境的强烈渴望，最终，幸运地从众多优秀的竞争者中脱颖而出，成为被录用的五人之一。

当我向研究所领导提出离职时，领导满是惋惜，真诚地挽留我，他语重心长地说："你这是丢掉了人人羡慕的铁饭碗啊，太可惜了。"但我心中十分清楚，安稳并非我此刻的追求，我坚定地回应："我明白您的好意，但我真的渴望去见识更广阔的天地，尝试不一样的人生。"

正是这种对未知的勇敢探索，对改变的坚定追求，让我迈出了这关键的一步，而这，恰恰也是《改变的勇气》中所倡导的精神内核。我深知，改变需要莫大的勇气，而我的勇气源泉，正是不断学习所赋予我的底气。每一次知识的积累，每一次技能的提升，都让我有信心去拥抱新的挑战，去突破自我设限的边界。

在外企的8年时间里，我如同一块干涸的海绵，尽情地吸收着新知识、新技能，不断成长与蜕变。第一次在全球会议上发言时，我紧张得手心沁出层层冷汗，双腿也微微颤抖。但当我完成汇报，听到台下响起热烈的掌声，看到老板眼中的认可与赞赏，并紧紧地握着我的手说"你的见解非常独到，很有价值"的那一刻，我真切地感受到，勇敢地迈出改变的一步，所带来的是无尽的力量与成长。

那是一个创业浪潮汹涌的时代，凭借在外企8年积累的丰富医药行业经验，以及一直以来秉持的诚实守信、勇于担当的处世原则，2001年我得到了北京科技风险投资公司的青睐，他们决定投资500万，支持我创立第一家公司。就这样，我摇身一变，成为一名创业者，开启了充满挑战与未知的创业之旅。

创业初期的艰难，远超我的想象。公司的运营需要大量的资金投入，而收入的增长却如蜗牛爬行般缓慢，远远达不到预期。我深刻体会到了"花钱容易，赚钱难"这句话的真谛，那种资金压力带来的焦虑，如影随形。焦虑、失眠、大把大把地掉头发……每一个深夜，我都会为公司的未来苦苦思索、挣扎。直到有一个雨夜，我在极度疲惫中差点将车冲进大货车底下。惊魂未定把车停在路边，我再也抑制不住内心的痛苦，放声大哭。就在这时，母亲的话在我耳边响起："如果方向错了，停下来就是进步。"这句话，如同一记警钟，让我在混沌中清醒过来。后来我重组了公司资源，在朋友的支持和帮助下把公司成功卖了个好价钱。我也得以从CEO的位置脱身，还赢得了风投的肯定和信任。

03 心灵之旅：重返热爱的起点

离开公司后，我毅然选择全身心投入心理学领域的学习与研究。2005年，我有幸成为中国科学院心理研究所第一批对外招生的学员，参加了为期4个多月的脱产培训。在那段充实而紧张的学习时光里，我如饥似渴地汲取着心理学的专业知识，从基础理论到临床实践，每一堂课、每一次研讨都让我对这门学科有了更深的理解与感悟。培训期间的考核极为严格，不仅有理论知识的笔试，还有实践技能的操作考核以及案例分析等环节，但凭借着坚定的信念和不懈的努力，我于2006年2月顺利拿到了国家二级心理咨询师证书，这也为我开启了一扇全新的人生大门。

此后，我并未停下学习的脚步，又通过一系列专业课程的学习和考核，成功拿到了人才测评师证书，进一步拓宽了自己在心理学应用领域的能力边界。

在专注于自身心理学知识提升的同时，我也尽可能陪伴女儿一路成长。从北京的国际学校，到成功申请前往美国留学，再到她凭借自身的努力与天赋，进入美国Top10大学攻读人工智能博士学位，并最终拿到顶尖科技大厂工作offer，这一路走来真的不容易。而我也有自己决策失误把女儿带进深坑差点上不成大学的惨痛教训，那个期间我们都出现过心理问题，好在及时修正勇敢承担后果及时掉头止损，拿出勇气改变并重新规划。今天看来结果还算好。如果您是留学生或是家长，在学业、心理、职业规划等方面遇到困惑，欢迎随时找我交流，希望我的经验能为你们提供帮助，希望我经历的坑您能避开，那就是我最最开心的事！

留学生群体面临着巨大的挑战，心理问题频发。长时间的异国隔离、文化冲突、学业压力等多重因素交织，让他们中的许多人陷入心理困境。我感同身受，决心尽己所能伸出援手。我做了大量公益讲座，围绕留学生常见的心理问题，如孤独感、焦虑情绪、适应障碍等，分享应对方法与心理调适技巧。线上咨询室里，也常常有留学生的身影，我耐心倾听他们的故事，陪伴他们走过一段又一段艰难时光。凭借这些努力，我成为"留学生日报"特邀首席心理咨询师，这不仅是一份荣誉，更是一份沉甸甸的责任。

实习期间，我遇到了一位患有抑郁症的女孩。她蜷缩在角落里，声音低沉而绝望："我感觉自己被关在一个透明的盒子里，看得见外面的世界，却怎么也触碰不到。"我没有急于用那些专业的话术去开导她，而是缓缓地讲述起自己的故事——那个在童年被欺负的无助孩子，那个在创业路上遭遇失败的落魄中年人……当讲到"改变永远不晚"时，她缓缓抬起头，泪水夺眶而出，顺着脸颊滑落。

几个月后，女孩重新回到了校园，开启了新的生活。后来教师节的时候，我收到了她的邮件，邮件中写道："我带着孩子们观察蚂蚁，就像郝老师当年对你一样。谢谢您教会我相信，黑暗并非终点。"那一刻，我心中充满了温暖与感动，我知道，我的故事成了她黑暗中的一束光，照亮了她前行的道路。

04 成为那束光

在最近的一次咨询中，来访者是一位高学历的年轻人。她患有严重的焦虑症，已经在家中闭门不出许久。她声音微弱，几近哽咽："我觉得自己是个失败者，我让父母失望了。"我轻声引导她，让她写下人生中5次重要的改变。当她写到第3条时，泪水夺眶而出："我竟然每次都重新站了起来。"

在我的鼓励下，她决定尝试做出"微改变"：勇敢地走出门，投递简历。当天晚上，我收到了她的消息："我投出去了。"看着手机屏幕上的这条信息，我仿佛看到了一束光，穿透了厚重的黑暗迷雾。那一刻，我深刻地意识到，自己所做的一切是如此有意义。

而这，也正是我如今全身心投入的事业方向——青少年心理健康的科技赋能。2024年10月，我作为天使投资人，参与了youcai.ai项目的种子轮投资。这个项目有耶鲁大学《儿童研究中心》《儿童焦虑症研究中心》在学术上的支撑。我们开发的首个产品PolygonMind，是一个面向青少年的心理疾病AI预诊平台。它就像一位不知疲倦的守护者，旨在帮助家长及时发现孩子早期的心理问题，提高识别效率，同时在不增加医院负担的前提下，为孩子们提供科学、温和且及时的干预建议。

这个产品的诞生，源于一个念头：如果我无法时刻接听每一个求助电话，那么是否能有一个智能工具，替我守护那些孤独无助的孩子？如今，这个想法终于变成了现实。2025年3月29日，PolygonMind登上了【Yale Pitch Day】耶鲁创投新星路演的舞台。看着团队成员在台上自信满满地讲述产品的愿景、亮眼的数据成果以及清晰的未来规划，我心中感慨万千：这不仅仅是一个创业项目的展示，更是希望的传递，是为无数青少年点亮的一盏明灯。有人曾问我："你为什么总是在不断地折腾？"我想说，这并不是无意义的折腾，而是我对生命最诚挚、最本真的敬意。那个在童年被人欺辱的女孩，那个身着白大褂却心怀远方的研究员，那个在融资现场面对质疑却坚守信念的创业者，那个在深夜倾听陌生人痛苦哭声的心理咨询师……她们都是不同阶段的我，也是我一路走来始终坚守的答案。

上周，团队里的小伙伴们还在兴致勃勃地讨论"将来去纳斯达克敲钟"的梦想。我只是微笑着倾听，心中却无比清楚，比起敲钟的荣耀时刻，我更期待收到下一条消息："Ashley老师，我做到了。"因为真正的改变，从来不是为了向世界证明什么，而是为了成为一束光，先照亮自己的内心，然后用这份温暖与力量，去驱散他人心中的阴霾，让更多的人相信，无论生活多么艰难，前方总会有希望在等待。

此刻，窗外的阳光洒满庭院，我泡了一杯母亲当年塞进我行李的那种云南小粒咖啡，熟悉的香气在空气中弥漫开来，萦绕在鼻尖。闭上双眼，我仿佛又看到了那个蹲在路边，专注观察蚂蚁的小女孩。

如果时光能够倒流，我想轻声告诉她："别怕，未来的日子里会有许多未知的改变，但你拥有足够的勇气和力量，每一次都能跨越重重困难。因为，你终将成为自己渴望成为的那束光，照亮自己，也温暖他人。"

胡斐飞

破浪前行三十载：掌控自己的船桨驶向静谧的深海

- 上海荆迈网络科技有限公司社媒运营负责人
- 高级互联网营销实战专家
- 公域流量获客教练
- 弘丹写作7年SVIP会员
- 深耕读书博主6余年

求学之路如同行走在风暴肆虐的海岸，而我始终渴望找到一片平静的港湾。父母的争吵像潮水般在礁石间涨落，时而爆裂时而沉寂。在这样的环境里，我渴望世界的静谧。每次一到升学转折点，旧友都不可避免地渐行渐远，孤独如藤蔓般缠绕生长，情绪变得像浸了火药的引线，一触即燃。

1996年我上小学一年级时，国家取消包分配制度的消息，如雷贯耳般在成人世界里迅速传开。两年后政策落地执行，整个家属院笼罩在惶恐的阴云里。至今记得那个周末，家族长辈们围坐在褪色的藤椅上，面色凝重地讨论着这个改变许多人命运的政策。年幼的我第一次意识到，时代的狂风即将裹挟着我这叶扁舟，漂向不可预知的远方。

而我这艘小船正驶向未知的海域，我觉得改变方向的可以是人，是事，但一切的原点都是从爱出发。

01 风暴中的扁舟：潮汐里的数学之光

作为80后独生子女，我们承载着父母"望子成龙，望女成凤"的全部寄托。为了父母同样向往的本科文凭，我白天工作夜晚背书，翻烂的教材页角见证着我无数个奋斗的夜晚。我最终如愿获得交通大学本科与学士学位双证，那一刻的喜悦至今想起仍会感慨万分。然而这一切也得益于小时候为数不多的学习经验。

初生牛犊不怕虎，是明知有未知的挑战，也要去拼一把，成长后我们逐渐失去了这种能力。我小学时英语成绩曾一直满分，还因此当选英语课代表。当时英语刚加入教本。然而随着学校启动重建工程，我们这批学生进入一年的放养期，即上六年级预备班。只要不惹事，连老师都对我们听之任之。这种被遗弃感延续到初中，总算想起我们这批学生，都编入新学校。我们成绩不理想，是新学校最差的几个班之一。

我在此时意外迎来了生命中的转折。

那天父母在为我的学习而烦恼时，有位女教师突然叩响家门。刘老师作为新任班主任兼数学老师，我至今仍能想起她与我沟通的温柔以及对我学业的严苛。那是我第一次感受到，原来成年人的声音可以如此温柔。每次与老师对话，她都会把语速放得很轻。面对我语无伦次的表达和糟糕的试卷分数，她总能用红色的圆珠笔尖在错题旁指引我："这里换个思路呢？"我不愿让这束光熄灭，开始幻想：如果拿下数学单科第一，她应该会很开心吧？而且会有学校的奖学金！

从此，深夜的台灯下总有我验算的身影。当某天熟练地解开数学最后大题感觉意犹未尽时，我忽然理解了数学的美妙——就像拆解母亲织毛衣时打结的毛线，只要足够耐心，所有题目终会在反复推敲中豁然开朗。渐渐地，我甚至能预判每道题对应的课本章节。初一期末考放榜那天，我的名字挂在班级第二、年级前百的排行榜上。攥着成绩单望向老师时，我笑得很灿烂，那是我第一次真切触摸到希望的温度。我觉得我的努力配得上父母对此应有的夸赞！

频繁的搬家始终让我难以适应。刚在学业上找到一个立足点，转眼又要面临决定升学去向的严苛筛选——选学考试。听着审核老师宣读成绩时，我的指甲早已掐进掌心。远离熟悉的环境让我恐慌，茫然与怯懦如同藤蔓在心底疯长，连带着成绩单上的数字都变得刺眼。独自站在有意向的学校的校长面前面试时，我的表达能力不佳，似乎这不应该是我应有的模样。为此，我选择性遗忘这些痛苦，变得喜欢宅在家里，变得懦弱、胆小。新学校的学期开始，成绩不上不下，我引以为傲的数学课程脱了节，不知如何努力。

每到升学关头，总会出现贵人。虽然已记不清那位化学老师的姓名，但我记得她的教学风格循序渐进，我的每一次进步都会受到她实质性的鼓励，让我逐渐相信自己是可以的！她保留了我自信的火种。最后我用98分（满分100）优异的成绩回馈我的化学老师。我们跑不快就慢一点，找到自己的节奏，一点点给自己上难度，重要的是我们要去行动，只有开始行动才有改变的可能。

02 逆流中的桨声：当沉默螺旋遇上写作救生索

等待完美的机遇实在是过于可笑，机遇一直在等你的到来，我们的行为却永远在说为何机遇不来？我发现总会吃上求学之路的苦，工作几年后，在整个工作市场中我可能连"螺丝工"也算不上。我始终思考这样的日子什么时候才是个头呢？该如何改变呢？我每分每秒都想挣脱这种状态，命运给过我不少机会，这一次，我终于勇敢地抓住了那根名为"机会"的柳条，让它带着我前行。

熬过职场头三年的适应期，我才发现从踏入社会起，我们这代80后早已没有所谓的"稳定工作"。在环境推动下，我迫切想要掌握一项技能，于是将目标锁定在"新媒体写手"上。为了能在这里长期发展，我做了许多老板口中的"无用功"。事情已然发生，我希望从中做好自己，找到新的突破。

微信公众号最火热的那几年，老板要求我尝试写公司宣传文章。第一反应是抗拒，我是真的不会写。这让我想起学生时代的黑历史：那时总觉得语文学不好没关系，能日常沟通就行。如今相似的困境重现，若有人再问"语文是否重要"，我一定会斩钉截铁地回答：当然重要！当工作需要你写文案时，也是一种拥有表达方式的体现。

后来公司请外包团队写文案，但老板始终不满意。我暗自萌生念头：既然这些被甲方嫌弃的文案都能找到市场，或许我也可以成为这样的写手。虽然当前水平有限，但在这个行业摸索久了，我也积累了些许自己的理解，相信未来总有自己的用武之地。就这样：我重新开始学习写作，因为我清楚自己离不开这个领域了。人总要寻求改变和成长，而工作本就是双向成就的过程。

在这条路上，我幸运地遇到了专属的写作导师——弘丹老师，她同时也是我的成长引路人。2020年正式开启新媒体文案写作后，次年我便尝试在弘丹公众号投稿，成功获得了人生第一笔稿费。这段历程不仅让我在之后养成了系统阅读的习惯，更建立起"持续写作—分享阅读感悟—见证自我蜕变"的成长闭环。

我们总是知道很多大道理而缺乏行动，这确实是我们普通人要克服的最大难题。不行动我们永远不知道自己要什么，回看这段求学之路，当我行动起来我会逐渐清晰自己真正想要的。我们要选择解决正确但有些困难的事情，收获远比苦难更甜美。

03 灯塔指引的航向：愿景板照亮的盲盒人生

写作这条路并非一帆风顺。

初投稿件便获得成功，让我有种也不过如此的想法。但若真如此顺利，就不会有后面的故事了。36岁才起步的人，前30年为何毫无行动？堆积如山的坏习惯注定难成事。

那些老生常谈的问题，如"无法集中注意力""三分钟热度，缺乏坚持"，究其根源，或许在于最初没有设定明确目标。因此，我总是在取得些许成绩时就"翘起尾巴"，变得好高骛远，不想这才是踏出的第一步。

这个充斥杂念的时代，尤其在一线城市，我们获取信息太过容易，手机成了最大的干扰源。可我们终究离不开它。面对近在咫尺的诱惑，缺乏定力的我，在重塑自我的过程中犹如逆水行舟，时常停滞又继续挣扎前行。

近三年，我参加了弘丹老师的写作课程和年度计划大课后，制作愿景板，坚持书写成功事件，这让我有了实质性转变。真正的改变从来不是单维度的，没人能仅靠"提升自信"或"强迫坚持"就脱胎换骨。必须从心出发，以爱为基点，认真观察生活环境，重新认识身边的人。那些从小听到大的"要有出息"的压力，对某些人是动力，对我却是枷锁。它让我丧失自信，厌弃学习，这才是放弃成长的根本原因。不可否认，父母也是爱我最深的人。

当我真正正视这个问题时，才意识到自己曾是个"自讨苦吃"的人。明明可以做出更好选择，却因长期活在父母不会表达爱的环境中，而得出一个"假真相"——我似乎不被爱，进而逐渐陷入自卑怯懦里。我至今仍怀有执念：唯有变得更好，才算没有放弃自己。

自从2022年参加弘丹老师的课程后，每年我必定第一个积极参与，因为结果是美好的，改变不像魔法只要许愿就好。但只要你足够爱自己，相信自己，在这个行动的过程中，你所积累的无与伦比的能量会推动你前行。每天打开手机就能看到手机屏保——2023愿景板/2024愿景板/2025愿景板。3年的改变犹如蚂蚁搬家一样。我的内心得到滋养，我有了自己的生活计划，未来更有了憧憬。

光是看愿景板就会很开心，我每天怀揣着开心兴奋的心情去执行每一个小计划，最终汇聚成手机备忘录中的成就事件。它们犹如进度条一样直达我的奖励，每每达成后会让我有极大的自信心。在正向循环的激励下，今年我有了更大的梦想：我可以尝试成为一名作家。去年的奖励是我36岁心心念念的人生第一场远游。为此，2024年跨年，我登上了成都的牛背山顶，看到了远处祖国美丽的粉色金山。

我们前进就是为了看到更广阔的风景，为了遇见更好的自己，所以我们值得拥有所有美好。接受当下的自己，无论什么样的自己我都能够接受。似乎没有好的成就是失败的，没有一份好工作也是失败的，但实际上失败不是这样定义的，梦想都在我们日常每一天的行动中和我们不期而遇。

04 黎明破晓时：在修补痕迹里重获掌舵权

那个36年没有什么成就的我是失败的吗？至今单身的我是失败的吗？那个30岁也没有成家立业的我是失败的吗？让自己去定义成功

是一场巨大的骗局。当我的帆扬起时，我知道我重启了人生旅途。我找到了自己的使命，找到自己丢失的青春。请用我们自己的方式度过一生。

幸而抓住了那根随风摆动的柳条。通过写作营的学习，我学会了先爱自己、完善自我。梳理事件本质时，我发现那些无法躲避的噩梦里，自己同样是受害者。童年时期渴望有人施以援手却未遇良人，但也不能因此认定遇到的都是坏人。我已不再用坏情绪惩罚自己，不再为既定事实懊悔。接受当下的自己，过好每一天，让往事留在过去才能拥抱未来。

我最想说的是：请先学会爱自己，全然接受当下，无论面对怎样的自己都能坦然接纳。勇敢直面已发生的困境，而非被负面情绪拖入泥潭，就像那个被迷惑三十余载的旧我。清醒时难免遗憾未能早些遇见老师，未能更早觉醒。

在这个充满不确定性的时代，我终于学会与波动共存。乘着风势修缮自己的小船，载着修补的痕迹驶向远方，看遍世间美好，珍藏沿途风景，记录真实的人生轨迹。

罗翔老师关于勇气的诠释始终萦绕耳畔，他说："当命运之神把你推向关键时刻，希望你能像你想象中那么勇敢。"这句话如同明镜，映照出我内心的沟壑——似乎总怀揣着半腔孤勇，却在关键时刻退缩半步。如今我才懂得，"勇气"这株幼苗，需要日日用行动浇灌方能生长。愿读到这里的你，也能在某个黎明破晓时分，蓄满属于自己的勇气。

何伊庭

变是这个世界的常态，
拥有改变的勇气，
无往不利

歌手（获才艺大赛铜奖和歌手大赛优秀奖、优秀节目展评赛排名第一）●
畅销书和专栏作家（完成三本畅销书合集，两个专栏课，两篇短篇小说）●
北京何伊庭科贸有限公司总经理 ●

"流水不争先,争的是滔滔不绝。"人生恰似一条奔腾不息的长河,充满未知与变数,不可预测,也无法从头再来。我们唯一能做的,便是怀揣勇气,勇往直前,心怀希望,永远向阳。

1993年1月5日上班第一天,进入当时蓬勃向上的建筑行业的我,曾经想像我的父母一样,在一个公司干一辈子,一直到退休。可是没想到,我后来会步入那么多行业,有一天会跨界成为歌手、畅销书作家和专栏作家。这一切的根源都是改变的勇气。

01 32岁第一次职场的顺利转变,让我不再惧怕变化

32岁的时候,我去了上级公司投标部,重新开始学习整栋楼的土建预算。

刚到投标部的时候,我整天熬夜加班,内分泌失调,满脸是大疱,脸上贴满沾上护肤水的棉片,其他女同事看见后便向部长告状,于是我只能把脸上的棉片拿下来,这对于爱美的我来说,真是难受。好在经过半年的磨炼,我适应了投标部紧张的工作节奏,脸上大疱慢慢下去了,心里也没那么焦虑了。

那时候做土建预算,需要把整套建筑图纸,通过预算软件画到电脑里,但是我特别不擅长电脑操作,于是我跟之前的同事虚心请教,把画图步骤一步一步记在笔记本上,每次画图的时候,按照笔记本上记录的步骤,一步一步操作,终于我也能独立完成一栋小楼的土建预算了。但是有一次,整张图纸我已经在电脑里画完了,不知道按错哪

个键,电脑里画好的整栋楼消失了,第二天就要报标,我别无他法,只能一个人加班熬夜赶工。所幸的是,我重新把图纸在电脑里画了出来,保证了第二天标书能顺利报出去。

那时我岁数大了,还要重新学习行业新知识。而且我天生身体弱,不适合经常熬夜,于是我就自己想办法,见缝插针,利用中午和半夜前等待调标的时间睡觉,积攒精力。其他同事玩牌,我也不参与,只管安排好自己的作息。我觉得这个方法也适合现在职场经常加班的年轻人。

有了这段经历,我仿佛忘记了自己的年纪,不怕归零,敢于重新开始,积极学习,不断实操,不计较得失,因为我知道我培养的能力是自己的,会伴随我一辈子。这让我有了良好的职业素质和好的工作习惯,以后无论我从事什么新工作,我都具备专业处理、解决问题的能力。好比军官经过军校的专业培训后,出去具备了专业的军事指挥素养。

正如马克·吐温所说:"人的思想是了不起的,只要专注于某项事业,那就一定会做出使自己都感到吃惊的成绩来。"这段经历让我明白,改变需要勇气,勇气源自一个想法,只要迈出第一步,经过努力,你未来的人生会别有洞天。

02 38岁自主创业,为我打开世界更广阔的大门

23岁进入很多人都羡慕的大国企,到38岁开始自主创业,我当时主要有四个想法。

一是从行业角度看,建筑行业在走下坡路。

管中窥豹，可见一斑。

我在投标部的时候，从刚开始投北京标书，到后来只有外地标书，承揽的工程都赔钱。年终奖间隔一年才能发放。分公司一年没发工资，说明这个行业欠款现象严重，利润严重降低。

二是从个人职业生涯来看，我已经做到自己的职业天花板。

三是从个人兴趣爱好考虑，我不喜欢建筑行业，上班时就用业余时间学习个人形象设计课程，为以后转行做准备。

四是从个人生活角度考虑，当时我38岁了，想要孩子，但我的身体状况不适合边怀孕，边工作。

后来我自主创业，学习完专业课，去西蔓色彩的"形象空间"工作半年，然后辞职，先后开了三家服装店，一家个人形象设计空间。遇到招聘不到合适员工的问题，于是我就去学习总裁思维、战略顶层设计等企业管理方面的课程，寻找解决方案。你不花学习的钱，就得经历市场赔钱的考验。

这次创业经历，让我发现做服装最大的问题是压货，最大的成本是房租。

于是我变换思路，2018年开始，我把自己的房子装修成生活体验馆，解决了房租的问题。

中间因为一场意外，导致我腰椎间盘突出复发，偶尔出门得坐轮椅。

因此，我开始思考，什么工作是我喜欢且能做到的，同时能满足我可以居家办公和照顾年幼孩子的？于是我选择了写专栏课、写书、唱歌，同时解决了不用占实体空间压货的问题。

思考决定你未来的方向，行动决定你思考的事情能否实现。我从大国企这艘航空母舰上的一颗螺丝钉，变成自主创业的全能人才。

我从之前听从家人安排自己的工作，变成现在自己决定未来职业的方向，学会独立思考，自己解决问题，承担后果。一切靠自己，抗压能力也越来越强。

也许有人会问我，你后悔离开大国企吗？说真心话，我一点都不后悔，因为我的经历丰富多彩。人活着就是来体验的。更主要的是，我不再害怕从头再来，心里有一份对自己的笃定和踏实感。

罗曼·罗兰曾讲："世界上只有一种真正的英雄主义，那就是在认清生活的真相后依然热爱生活。"只有持久的学习力，才能伴你终身成长，不惧怕时代变迁，让你勇往直前。

03 丰富的阅历，改变我对人性的认知

家庭环境、后天经历、结交的朋友，对一个人性格的塑造都有影响。人处低谷时，保持如如不动（意为不为外物所动）的心态最重要。把注意力放在自己身上，专注在自己想做的事情上，开动脑筋，积极想解决问题的办法是关键。

之前因为一场意外，导致我出门得坐轮椅，平时躺在床上，每天只能坐起来半天，偶尔找人帮我推轮椅，出门办事半天，回到家，我得躺三天。但是我提着一口气，不放弃任何治疗。我打车出门的时候，遇到态度好的专车司机，我就记下对方的手机号，花钱雇开专车的司机，帮我推轮椅，去医院挨个科室做检查，找到病因后对症服药。配合治疗的同时，我还吃保健品、用仪器治疗、贴膏药等，尝试

各种治疗方法，不放弃任何可能让病情好转的机会。经过5年的不懈努力，我终于出门不用坐轮椅了，身体也慢慢恢复健康。

回头看这一路，我感觉支撑我能恢复健康的动力，在于我心里始终提着一口气，绝不放弃，遇到任何事，自己的想法很重要。思路决定出路，你自己不放弃，未来才会有希望。

当我处于人生低谷的时候，我每天就躺在床上，通过手机，听各种各样的网络课程，任何一个行业，你坚持学习5年才能算进入专业行列，当你技艺成熟的时候，别人才会给你机会，天助自助者。

经历过这么多磨难，我学会复盘，吸取教训，提前避坑。

我一直在成长，学习了各方面感兴趣的新知识，更主要是增加了很多新认知，改变了很多我对人事物的看法和想法。新认知增强了我的抗压能力，心态也平和了很多，不会特别在意别人的说法和看法，因为你知道那是每个人带着他自己经历所产生的对别人和事物的看法，反映的是对方的心理状态。这也是你筛选朋友，看清人性的最好时机。

识人对每个人都很重要，它会影响你的方方面面，早知道、提前预防好过事后补救，未雨绸缪是最大的智慧。听别人的故事，想自己的人生。从别人的人生经验中学到东西，远远好过自己掉陷阱里后学到东西强。知人者智，自知者明。

04 波澜起伏的前半生，是我不断跟着时代的步伐在奔跑

在大国企工作15年，再到自主创业18年，公司也随着时代发展，多次变换赛道，我从做房产投资、个体户，到成为歌手、作家，取得

了初步成果，出版了三本畅销书合集，均获得打榜时，当当网销售排名第一；完成两个专栏课；唱歌获得5个奖。我还获得《中国品牌访谈录》采访，被编著进入中国文化信息协会《时代匠心》企业家文献。宣传我公司产品的大屏幕，即将登上广州、深圳高铁站。我完成了从一个素人，到在歌手、作家领域，取得一点小小成绩的华丽转身。

人生就像一辆开往终点的汽车，有人选择沿着一条主线前行，相对安逸度日。有些人选择一条崎岖小路，看到了另一番风景。

想法决定人的活法以及行动，好奇心驱使我走上不同的生活轨迹。

各种尝试就跟玩游戏升级打怪一样，学会的技能越来越多，能力也在日积月累的行动中，成螺旋状向上增长。见到的优秀的人越来越多，视野也越来越开阔，从量变到质变，人的思维也在不断蜕变、突破，行为改变也在一点一滴的累积中逐渐形成。

磨难对心理的不断摩擦、反复蹂躏，让内心变得越来越坚强。度过磨难的心法，其实就是咬住牙关，心里有一口气不放松，熬过去了，你就能看见明天的美好，熬不过去，你就会死在今天晚上。

每件小事累积的成功，促使小自信慢慢产生。扬长避短，寻找互补合作，共同达成目标。

每个人的生活和事业都离不开大环境，互联网的出现和发展，给人们的生活和工作提供了更多的便利。新型的赚钱模式也应运而生，出现打造个人IP品牌加合作团队加平台的赚钱模式。通过哪种方式发展自己，人们有了更多的选择权。

见多识广，就会形成发散性思维，举一反三，形成自己独特的行事风格，人也在其中不断成长。

　　人的心性是在做事实操中磨炼出来的，下次遇到同样的事情，就会形成应激反应，立马行动。

　　自主创业，市场会给你最好的反馈，你得自己承担后果。你是你自己事业的操盘手和救火队员，你是你自己人生的主宰。

　　"穷则变，变则通，通则久。"变是这个世界的常态，拥有改变的勇气，无往不利。在这风云变幻的时代浪潮中，愿我们都能以无畏的勇气为舟，以坚定的信念为帆，在人生的浩瀚海洋里乘风破浪，驶向属于自己的辉煌彼岸。

烟雨

拥抱改变，
勇气照亮前行之路

曾为小学数学教师 ●
成都永陵博物馆志愿者 ●
华南师范大学研究生 ●
爱折腾的90后 ●

人生可以很无趣，深陷工作的泥沼，为生计奔波，无暇顾及周遭美好，眼中只剩疲惫；但人生也可以很有趣，哪怕是在忙碌间隙，为自己冲泡一杯香茗，静静品味馥郁茶香，重拾对生活的热爱。

正如我自己的人生一样，是改变的勇气带给我别样的体验。回首过往，那些曾以为无法跨越的艰难抉择，在勇气的加持下，都变成了成长路上的奠基石。

01 破茧之路：从专科到研究生的逆袭人生

在人生的时间轴上，18岁与30岁，像是两个遥相呼应的坐标点，承载着截然不同的梦想与境遇。

18岁那年，高考的失利如同一道深深的伤口，在青春的岁月里隐隐作痛；而30岁的我，凭借着多年的坚持与努力，终于亲手将这道伤口缝合，完成了从专科到研究生的逆袭，让梦想照进了现实。

那年的高考给我带来了沉重的打击，考场上的紧张与失误让我的成绩远低于预期，最终选择隔壁市一所大学的专科专业学习。从踏入大学校门的那一刻起，我便在心中暗暗发誓，一定要更加努力，用自己的汗水和拼搏，弥补高考的遗憾。于是，在专科学习的日子里，我开启了一场与时间赛跑的征程。

那段时间，生活和学业的压力如同一座大山，压得我喘不过气来。看着身边的同学通过专升本考试，进入本科院校继续学习，我心中的遗憾愈发浓烈。

后来我重新踏上了追逐梦想的道路。考研的过程是一场孤独而漫长的马拉松。每当我想起18岁那年高考失利的痛苦，想起这些年来一路走来的艰辛，心中就涌起一股强大的力量，支撑着我继续前行。

我不断总结经验教训，调整学习方法，查漏补缺，提升自己的实力。终于在2025年，当我看到研招网上拟录取的那一刻，所有的付出和努力都化作了激动的泪水。我知道，我用自己的坚持和毅力，完成了从专科生到研究生的逆袭，亲手缝合了18岁那年高考后留下的伤口。

回望这一路的辛酸历程，每一步都充满了艰辛与不易。从专科生到研究生，这不仅仅是学历的提升，更是一次自我成长与蜕变的过程，也希望追逐梦想的你能够明白，人生的道路或许充满坎坷，但只要拥有改变的勇气，并找准目标奋斗，就一定能够跨越重重困难，抵达成功的彼岸。

02 破茧之梦：从阅读爱好者到畅销书作家

在人生的漫漫征途中，我们都怀揣着或大或小的梦想，而我的梦想之一，便是从一个沉浸于文字世界的阅读爱好者，破茧成为一名用文字影响他人的畅销书作家。这一路布满荆棘，却也绽放着坚持与勇气浇灌出的繁花。

曾经，阅读于我而言，是生活中最温暖的避风港。无论是文学巨匠笔下的复杂人性，还是科幻作家构建的奇妙宇宙，都让我深深着迷。我沉醉在阅读的海洋里，尽情享受着知识与情感的盛宴，却从未想过,有一天自己也能成为文字的创作者,去编织属于自己的故事。

后来我在浏览自媒体平台时,被一篇篇精彩的文章吸引。那些作者用生动的笔触、独特的视角,分享着自己的生活感悟、知识见解,字里行间透露出的思想光芒深深触动了我。那一刻,我也想用文字表达自己。于是,我毅然踏上了写作之路,从最开始的随笔、练笔,到尝试撰写完整的文章,每一步都充满了未知与挑战。

就在我几乎要放弃写作的时候,内心深处那股对写作的热爱却如同一团永不熄灭的火焰,重新点燃了我的斗志。我告诉自己,只要我不放弃,就一定能找到属于自己的方向。于是,我重新振作起来,更加努力地学习写作。

命运总是眷顾那些坚持不懈的人。一次偶然的机会,我加入了弘丹年度社群。在这里,我遇到了一群志同道合的伙伴,大家都怀揣着对写作的热爱,相互鼓励、相互学习。社群里定期举办的写作课程和交流活动,让我受益匪浅,也让我对写作有了更深的理解和认识。

不久之后,我听说能参与合集书《行动的勇气》的撰写,便毫不犹豫地报名参加,尽管我知道,这将是一次巨大的挑战,但我心中充满了期待与决心。

终于,经过一段时间的努力,《行动的勇气》顺利出版。当我第一次拿到这本凝聚着自己心血和汗水的书时,心中的激动和喜悦难以言表。那一刻,所有的付出和努力都变得无比值得。更让我惊喜的是,这本书一经上市,便受到了读者们的热烈欢迎,销量一路攀升,成了一本畅销书。

拥有自己的合集让我信心大增,不仅结识了更多优秀的伙伴,更是突破了自媒体运营的卡点。小红书粉丝从0到1000再到2000，让我拓展了更多的副业渠道。

从阅读爱好者到畅销书作家，这一路走来，充满了艰辛与挑战，但正是这些挫折和困难，让我不断成长、不断蜕变。在未来的日子里，我将继续在写作的道路上砥砺前行，用文字书写更多的故事，传递更多的温暖与力量，因为我知道，这是我一生的热爱，也是我永不放弃的追求。

03 破茧之旅：打破常规，探寻生命的多元旅程

回顾往昔，我曾以一名小学数学教师的身份，在熟悉的校园里度过了两年规律且充实的时光。那时，每日清晨，当第一缕阳光洒向校园，我便已抵达岗位，开启一天的准备工作。我耐心地引导学生解开一道道数学谜题，见证他们在思维的海洋里逐渐找到方向，每一次孩子们恍然大悟的神情，都如同春日里最温暖的阳光，照亮了我平凡的日常。

在这8小时之外的时光里，阅读成了我不可或缺的精神滋养。我沉浸在各类书籍中，从教育理论著作中汲取养分，不断提升自己的教学水平；也在文学作品里感受人间百态，丰富自己的内心世界。

然而，我内心深处始终是个闲不住的人，渴望着突破常规，去见识更广阔的天地。就在这看似平静的教师生涯中，我毫不犹豫地报名参加了一个跨省研学活动，内心满是对未知旅程的期待。当我与来自西藏的孩子们一同踏上这片充满挑战与惊喜的旅程时，我才真正意识到，这将是一次改变我人生轨迹的难忘经历。

当我最终将孩子们平安送到拉萨,看着他们眼中对未来充满希望的模样,我知道,这段经历将永远铭刻在我的心中。

回到原本的生活轨道后,生活依旧按部就班地进行着,但命运的齿轮却再次悄然转动。在经过深思熟虑之后,我辞去教师工作,我的生活开启了一段全新的篇章——一场体验生命之旅。

我开始涉足茶艺与花艺的世界,这两个与教育行业截然不同的领域,却让我感受到了生命别样的魅力。在茶艺的世界里,每一道泡茶工序都蕴含着对自然与生活的敬畏。从挑选茶叶、煮水、温杯,到冲泡、品茗,每一个步骤都需要全神贯注,用心去感受茶叶在水中舒展、释放香气的过程。看着那清澈的茶汤在杯中荡漾,轻抿一口,茶香在舌尖散开,我仿佛领悟到了一种宁静致远的生活哲学。

而在花艺的天地中,我领略到了生命的另一种绽放方式。一束束鲜花在手中被精心搭配、修剪,变成一件件充满艺术感的作品。每一朵花、每一片叶都有着独特的姿态与寓意,通过花艺师的巧手,它们被组合成富有生命力的画卷。

回顾这段历程,我从一名小学数学教师,到成为带领孩子们研学的引路人,每一次角色的转变,每一段经历,都像是生命乐章中的不同旋律,虽风格迥异,却共同奏响了一曲丰富多彩的生命之歌。

这些经历让我明白,生活从不局限于一种模式,只要我们有改变的勇气,有决心去探索,就能在不同的领域中发现生命的无限可能,收获属于自己的成长与感悟。未来的路还很长,我期待着在更多未知的领域中继续探索,书写属于自己更加精彩的人生篇章。

苏莉

用写作冲锋，
点燃成长蜕变的
勇气之火

一位舞动文字的写作教练
一个热爱旅行的职业生涯规划师
一个挑战自我的终身成长者

你与理想生活的距离，或许就差一分向自己宣战的果敢。

现在的我，拥有多重身份，不只是一名职业生涯规划师，也是两本畅销书的共创作者，还拥有了几十本资质证书，并且还在不断前行。

从最初的懵懂无知，到如今成就满满的华丽蜕变，我的成长可谓是飞速，并且还在不断地一次又一次遇见更新、更强大的自己。

01 从"我不会写"到"我教你写"

2019年，工作压力让我喘不过气。我急于寻求一个跳脱出当时环境的契机，彻底改变自我。

一个偶然的机会，我接触到了弘丹老师的听书稿课程，这让从小热爱写作的我在迷雾中看到一束光——原来文字不仅能治愈心灵，还能创造价值。那年冬天，我怀着忐忑的心情报名了弘丹写作学院，正式开启了深耕写作的道路。

最初的我完全是个写作小白，面对"复盘""听书稿""个人品牌"这些陌生概念时手足无措。但我选择用成长型思维来应对：打印课程PPT、做笔记、反复研读教材。慢慢地，那些专业术语不再令我畏惧，反而成了我知识版图上的新坐标。

经过不断地努力学习，我在第一年末已经在学院的公众号上发布了好几篇文章。第二年初，学院就来邀请我当新一期零基础写作训练营的点评老师。当时我抱着试试看的心态，鼓起勇气接受了。我先参加了学院组织的点评学院，跟着之前的点评老师们学习了一些文章点评的技巧，之后就正式开始辅助小伙伴们修改文章，并帮助他们上稿。

当学院的写作教练培训开启时，我毫不犹豫地报名了。但拿到这个证书并不是件很容易的事情，在短短的三个月内，我们不只要完成知识部分的学习，还要每天录制教学练习视频，不停分组练习教练技能与互相监督点评，并且还有实习部分，这些都是我以前不太熟悉的事情。

学习教练的过程中，我遇到很多困难。例如，很多教练技能的知识我不太懂，还得去网上找各种资料帮助自己熟悉并且做好笔记，这样自己对这些新知识有了更多的了解。

而且，我每天都得录制教学练习视频，但是我经常会忘词，总是需要重复录制。第一次面对摄像机录制教学视频时，我僵硬得像块木头，连续NG了多次。

但我没有认输。我把讲稿打印出来贴在墙上，用彩色便签标注停顿和重音；对着浴室镜子练习表情管理，直到面部肌肉发酸；三个月里，我录废了上百条视频，却也在一次次重来中，慢慢找到了属于自己的表达节奏。

最艰难的考验是最后的实习部分。当时我们需要指导训练营的新学员，用语音沟通的方式帮助他们解决写作上的困难。第一次指导的时候，我比较紧张，总是会用说笑的方式来掩盖自己紧张的心情，对方虽然得到了解决问题的方法，但委婉地表示对沟通时我的态度不太满意。

挂断语音，经过复盘，我感觉这样是不行的，专业需要由内而外的笃定。我需要用更加肯定的语气来做指导老师，这样才会更加令人信服。于是，我又练习了多次，把自己当成新学员，自己和自己对话了多次，慢慢克服紧张的心情，最终完成了对3个新学员的沟通工作部分。

我突然明白，真正的勇气不是不害怕，而是即使害怕也要继续前行。就像教游泳的人必须先跳进水里，想要点亮别人，自己要先成为火把。

当我拿到教练资格证书的那一刻，我对自己说了句：我值得。这段旅程让我明白：蜕变从不是一蹴而就的奇迹，而是每个"再试一次"的微小勇气积累而成的礼物。

在文字构筑的天地里，我历经了一场无声却磅礴的蜕变。曾经，我如同被阴霾笼罩的孤雁，内心皆是负能量，在生活的迷雾中踽踽独行，每一步都写满了迷茫与怯懦。而如今，写作似一束穿透云层的曙光，照亮了我前行的道路，让我破茧成蝶，化作满心自信、无畏无惧的勇者，敢于直面生活的惊涛骇浪，勇敢挑战每一个横亘在前的艰难险阻。

生命的精彩不在于永远正确，而在于有勇气不断打破自己的边界。

02 从"躲在角落"到"站上舞台"

在成长的道路上，我没有停歇过，一直在努力更新自我，并不停地创造自我奇迹。

2021年7月，弘丹老师来北京举办新书分享会，当时的筹备主导人、主持人都是我。但这是我之前从来没做过的事情,全都是第一次做。而且我对在台上演讲有心理阴影,因为以前刚毕业时,曾经在台上做过演讲,但紧张到一句话都说不出来,后来很尴尬地就下台了。

不过,当时弘丹老师和运营助理琪琪都对我说:"我相信你可以。"就是这句话,赋予了我极大的鼓励和勇气,在学院小伙伴们的共同协助下,我终于把当天的会场布置好了。

上台之前,我把自己的演讲稿都录下来,反复背诵,熟悉内容,还用手卡的形式把它们写出来,便于自己当天记忆。

到了正式活动那天,刚开始我确实有点紧张,但大家都用微笑和掌声温和地鼓励着我,慢慢地,我也放开了,心态平稳,临场发挥得不错,顺利完成了主持和演讲。

当天的分享会活动,受到了很多人的好评,我也顺利跨过了演讲这个大难关,成功创建了一个新版本的自己。

有了这次的基础,我趁热打铁,轰轰烈烈地在视频号上开启了自己人生中的第一场直播。

当天有很多人都来观看,并为我积极地刷礼物,还在评论区不停地鼓励我。因此我顺利完成了一个半小时的直播,对公众演讲的恐惧大幅度降低,并完成了一个新的挑战。

有些小伙伴曾经分享过,他们加入弘丹写作学院,就是因为看了我的直播,被我的高能量感染了,希望和我一起努力向上生长。

原来,当我们勇敢做自己的时候,真的能成为别人的一束光。

现在的我依然会紧张,但已经学会与紧张共处;依然会害怕,但明白了害怕是成长的必经之路。感谢那个没有放弃的自己,用行动证明：人生没有天花板，只要愿意突破，每个人都能遇见更好的自己。

03 从"我不专业"到"我有独家心得"

我在不停学习的同时，也在不停进行着实战，不停地挑战极限。

获得写作教练资格后，我并未满足于现状。在积累了一定指导经验后，我萌生了一个大胆的想法：开设自己的心灵写作训练营。这个决定让我既兴奋又忐忑，毕竟从学员到教练，再到课程主理人，每一步都是全新的挑战。

筹备这次训练营的过程远比想象中艰难。这是一次新的尝试，尽管只有短短21天的学习期，而且报名的学员只有四五个人，但课程设计、内容准备、运营规划等各项工作都纷繁复杂，这让当时第一次开课的我十分慌乱，心里直打鼓，生怕把哪些知识教错了——那是对学员的不负责任。

那段时间，我常常反复推敲教学大纲，生怕教了错误的知识。那些日子，我的书桌上堆满了与心灵写作相关的书籍，电脑里存着十几个版本的课件。开课前一周，我的自我怀疑达到了顶点。但转念一想：与其在完美主义中踌躇不前，不如在行动中持续优化。于是，我重新调整心态，将注意力从"怕教不好"转向"如何教得更好"。

课程启动后，我确立了完整的教学节奏。我每天早上会带着学员冥想5—10分钟，下午自己准备教学内容，晚上会在训练营的群里用"语音+文字+图片"的方式来授课。平时还会发一些给学员的加餐知识内容，帮助他们懂得用更多的心灵写作方式来缓解身心压力。

让我惊喜的是，学员们逐渐敞开了心扉，在写作训练营中找到了情绪宣泄的出口。他们学会了用文字梳理复杂的情绪，懂得了如何和自己对话，有位学员说："通过这21天的练习，我学会了用文字与自己对话，找到了和自己和解的方式，这是最珍贵的收获。"

在这场充满温暖与力量的写作训练中，学员们就像一群被唤醒的勇士，纷纷冲破了内心的枷锁，将紧闭的心扉彻底敞开，鼓足勇气去拥抱未来的生活。

当我看着学员们在文字中找到疗愈的力量时，我自己的生命也在悄然绽放。回望这段经历，我深刻感悟到：成长就是一个不断将自己"扔"进陌生领域的过程。第一次开课就像在黑暗中摸索前行，但正是未知催生了无限可能。

这次训练营不仅提升了我的专业能力，更重要的是帮我建立了"敢为人先"的自信。它像一枚闪亮的勇气勋章，提醒我：生命没有边界，每个突破自我的决定，都在缔造人生的可能。而这，仅仅是个开始。

我对文字有着深深的热爱，它就像我生命中的挚友，陪伴着我度过每一个难熬的时刻。写作重塑了我对世界的认知，拓展了我生命的边界，让我见识到更广阔的世界。这份因热爱文字而带来的由内而外的蜕变，是我送给生命最珍贵的礼物，是我在时光长河中留下的最温暖的足迹。

写作赋予了我们勇气，让我们有力量去改变自己，在面对风雨时不再害怕。当我们学会在每一个想要退缩的时刻对自己说"再试一次"，当我们敢于直面内心最深处的恐惧与渴望，这本身就是最深刻的爱自己。

 陈雪

在变化中寻找光：
一位年过35岁妈妈的
人生重组方程式

- 大童云美高端风险管理事务所创始人
- 中国人民大学传播学硕士
- 斯坦福大学设计人生认证教练
- "Her Voice回声场"计划发起人

陈雪：在变化中寻找光：一位年过35岁妈妈的人生重组方程式

曾经以为的人生轨迹，或许会因为某个人、某件事发生天翻地覆的变化，而2006年与Susan的相遇，看似偶然，却促成一场持续近20年的生命实验。我，一个被传统教育规训的"好学生"，在三次重大人生转折中完成自我重塑，一位理想主义者在公益、母职、创业与人生理想中，用"改变"对抗时代的熵增。女性身份，赋予这场蜕变独特的锋芒与温度，且故事仍在继续。

01 人生导师的馈赠——打破"英语专业"的认知茧房

大学的英语专业课堂，像一座精致的玻璃罩，学生们背诵莎士比亚的著作，用托福作文模板搭建空中楼阁，我们像被困在语法标本馆的夜莺，反复吟诵着教材里的文章，却始终学不会真正的鸣唱。直到遇见Susan，一位美国老太太，把志愿者服务理念带到云南昆明的大学生中，把改变青年人作为她人生的方向。自此我对语言学习和专业的意义有了不同的理解：用不同的语言去更深刻地了解这个世界，去倾听不同的声音。这位曾经叱咤在美国商业的女性，用自己的积蓄和影响，为中国的青年学生带来不同的视角，助力他们探寻生命的意义。

那时上课之余，我参与了聚集来自云南省不同高校英语专业和英语爱好者的"Discussion Group"沙龙。在每周二的夜晚，来自不同高校的年轻人，用带着方言腔调的英语争论着三峡大坝的生态代价、独龙族文面女的现代困境……全程英文探讨社会议题。当我的声带第一次发出"Indigenous Wisdom"时，舌面掠过的震颤，远比在考试里得高分更让自己振奋。真正对人生价值的思考的萌发，发生在云南武定一个需要翻过大山才能走进的山村。2007年暑假，我作为志愿者走进了村里，在和村里小朋友躲在帐篷下躲雨，她把仅有的一块玉米粑粑掰给我时，忽然说："你们大学生是带着光的。"一股暖流涌上心头，眼泪也在眼角流出。总以为高楼大厦才是我毕业的去处，或许关注到不同的群体，也是人生的意义。

改变的勇气，在毕业前迸发。面对父母"考公务员""当老师"的期许，我带着一种自我赋予的使命，开启了公益创业——"EXiDEA大学生志愿者中心"的招牌挂在文化巷斑驳的墙上。"每个人都可以成为志愿者"这句口号在后续的几年中实实在在影响了近千名大学生。后来我又就职于另一家国际环保组织，看到云南的很多公益组织切实做了很多项目，却在筹款时仍然困难重重。我在自己的硕士论文里，就"公益组织如何借用新媒体扩大社会影响力"做了深入研究，希望他们学会如何被看见。

近10年的公益组织工作经历，是与传统意义里职业宿命的对抗，也是对自己认知的突破。一位英语专业的毕业生，把英语当成工具，实现了自己人生最初的职业梦想。

这两年，我写给Susan的邮件不断被退回，心里有不妙的预感——这位对我影响最大，给我足够力量做自己的人生导师的人，或许无缘再见。这份对我人生决策里的引领和馈赠，我会永远铭记。人生从来都不是活在别人口中的中规中矩，而是遵循内心，勇敢地去自我探索与实现。

02 成为二胎妈妈——在破碎中重构生命秩序与事业

第一次成为母亲，是一家人的决策与规划，我欣喜地接纳了这一身份的变化，沉浸于享受陪伴孩子的时刻。昆明的四季给了我们各种走出家门的理由，于是在野外、在公园、在博物馆、在绘本馆，都留下了一家三口的很多足迹，我们像经营艺术品般雕琢着育儿生活。我在户外草坪上，宝宝坐在我的怀里，我们一起读绘本，周围的行人都会投来会心的微笑。那时的时光，仿佛浸泡在蜜里，我也以为所谓的生活平衡，不过就是把尿布台和书桌摆在同一房间。

2020年年底，第二次剖腹产，我在镇痛泵失效后因刀口的疼痛而突然苏醒。我蜷缩在病床上，有欣喜，因为现在是儿女双全，但是也突然多了一丝不安。之前接到的一个项目正在进行，老大马上要上小学，我的人生像是在经历一场突如其来的格式化。面对"事业家庭两难全"的社会规训，正是这种被迫的"降速"让我发现：育儿不是事业的代价，而是能促成另一种形式的创造。

半夜给二宝喂奶后，在深夜的灯光里，我常会刷到育儿话题的帖子。我作为母亲的责任感与担心和网上的妈妈们有了共鸣。开始考虑为二宝配置保险的过程中，我深入研究，进行了一个月的学习。突然一刹那，我想到被疾病和突发事故影响家庭的情形，某种沉睡的感知突然破土而生——曾以为二宝带来的是更大的压力，而此刻，忽然觉得孩子们不是人生的观众，而是将现实折射出彩虹的参与者，这给了我创业的灵感。

很快我便开启了做家庭与企业风险管理的创业之路。既要高效陪伴两个孩子，又要开启新的业务，时常老公打电话说他"今晚要加班"，很多事情需要我来做，我恨不得每天有48小时。有时我会带着两个孩子在公司，为他们铺开涂本，而我也打开我的电脑或者工作笔记本，我们都在勾画着不同的画面。他们的画面里有天马行空的想象，我的画面里是为客户准备的精心方案。两者互相补给，互相照耀。

如今的书房被客户咨询文件、家庭保险方案计划书、企业客户的尽调报告，和孩子们的绘本、画作交替铺满。某个加班的深夜，女儿突然塞给我一块她最爱的饼干，说："妈妈充电。"她脸上还沾着绘画留下的颜料，长长的睫毛在屏幕蓝光中扑闪，配上她最灿烂的笑脸。儿子曾经有一个妈妈能量瓶，绿色小球代表柔和，红色小球代表忙碌和坏情绪，还有一些金色的亮片星星，是代表妈妈自己的闪光时刻和给他带来的暖心时光。

5月，每天送孩子们上学的路上，我会经过昆明最美的蓝花楹路。"妈妈，停一下！"儿子捡起路边飘落下的蓝花楹花瓣，别在了我的裙子领上。"妈妈，带着春天去上班吧！"

在成为母亲的时光里，有辛苦、有情绪，也有一些不能眠的夜晚，但是在这些所有的境况里，也有了孩子给予我创业灵感，还有那无数个日常里让我们心化的瞬间。站在写字楼里，电梯镜面照见的所有裂痕，都是光的通道，令人充满力量。

03 奥德赛计划——设计人生的无限算法

近两年，在提升服务客户的专业能力的同时，我每年也为自己安排了一项学习其他技能的规划。向内探索自我并能以有效的方式正向影响更多人，成为一项我选择学习的标准。于是在众多课程里，我选择了曾经接触过的源自斯坦福大学的人生设计课程。在学习斯坦福设计人生教练的课程中，在畅想人生的多种可能性里，我制定的"奥德赛计划"为我打开了无限的可能。"奥德赛计划"是指写下未来5年3个版本的人生计划，也就是为自己人生未来5年设计3个不同版本。奥德赛计划不是人生规划，更像是给平行时空的自己签发的通行证。3个计划似乎化作三个可能的"我"，此刻我才惊觉，我们所经历的一切都是在为未来铺垫。想要做利他和影响人的，就要在今天慢慢实现。

第一重奥德赛里，我是个风险管理者，是客户风险管理里的故事捕手。如果一切顺利，就实现了目前最渴望的目标。

第二重奥德赛，我是女性故事的聆听者，是声音宇宙的织梦者，想象与现在生活完全不同的可能性。

第三重奥德赛，我回归了自己，成了居住在世外桃源下的隐者。

人生其实就是一个变化的过程，即使是我去年绘制的蓝图，未来也有可能发生变化。而重要的是，我们没有因为困难或者挑战而放弃了自我改变的勇气。在正式拿到斯坦福设计人生教练认证后，我更多的是用这个底层思维与方法为自己赋能，来应对育儿焦虑和解决人生困惑。

在"鸡娃""虎妈"焦虑蔓延的当下，我的"慢成长"实践是我在母亲身份思考下的一种方式。而我也在这种循环里，不断重构自己的秩序，有条不紊地前行。我相继举办了多场女性沙龙，在下午茶会沙龙里，有妈妈在表达里因释放了情绪而痛哭，也有女性因找到自己的价值而豁然大笑，我们照射彼此。母亲身份赋予我们的不是枷锁，而是拥有不同体验与视角后的调整。

曾经听过很多妈妈和我说自己在职场上和育儿上的困惑,我也有不同的挑战。面对人生,欣然接纳自己不同时期的身份,由内而外地去探寻自己的价值与热爱是一个漫长的过程。我自己在这个过程中,做了以下尝试。

1.找到一个适合自己的人生成长方法论体系,有根基,内核可以更稳。

2.拥有一种表达内心的方式,无论是写作还是摄影,抑或是其他艺术表达方式。

3.每一年或者一段时间为自己学点能愉悦自我的新技能。

生命的真相不在完美的闭环里,而在持续裂变的过程中。我们经历着人生角色的转变,之后会在每一次变化里看到光!在自我的想象构建里,我们在面对生活的无限可能时会更加坚定。热爱生活是件简单却奢侈的事,让我们从感受身边的每一份小美好开始!

棠田

校园、销售、写作
绘就精彩人生

自媒体博主 ●
终身成长者 ●

未经审视与反思的生活，人很难找准自己的方向，找到自身存在的价值。

一个聪明的人，千万要记住，你要随时做改变，随着时间改变调整你做人做事的方法；人生就是不断选择，不断调整的过程。

01 从懵懂到清醒：有梦想才有力量

我是一个出生在豫东农村的女孩，从小学开始到初中阶段，我的成绩一直是名列前茅。我被小学课文中满山遍野的映山红、山上的野果和拍电影的小朋友所吸引，从而产生了一个朴素的理想，就是想长大后去见见满山遍野的映山红。

80年代农村的孩子，都是野孩子，每天都是玩到半夜再回去睡觉。但是从小学四年级开始，每天晚上出去玩之前，我会先摘抄30个我喜欢的词语，然后默背一会。这一无意识的小习惯，让我受益匪浅。我的作文经常得到老师表扬，这也更加促进了我学习的劲头。《微习惯》告诉我们改变不需要惊天动地，一个微小的荒谬的起点才是撬动习惯养成的杠杆。

初中的时候，我每天都会自觉预习明天的课程，现在想来依然觉得我很自律，十多岁的小女孩竟然会自己规划时间，想想就觉得特别自豪。这一个个小习惯让我初中成绩一直很好，中考的时候我顺利考上了高中。

人生在世，没有人总是一帆风顺的，上了高中我就开始隔三岔五地生病请假，脑子经常昏昏沉沉，学习成绩一度掉到班级第45名。听说女生上高中成绩普遍不如男生好，我有点不服输，凭什么女生成绩会比男生差？好胜心的驱使让我静下心来，认真分析我最近的学习过程，分析失败的原因。迅速制定好计划，我就开始奋发学习，一个月后月考我的成绩冲到了班级第15名。只有我自己知道，下课10分钟我都在想立体几何的空间构成和物理的碰撞传递的能量。

我的体育成绩特别好。这个是我考重点大学的加分项。当时以我的文化成绩应该可以考个一般本科。但是如果加上体育训练考试，我的综合成绩可以考重点本科。我听到"重点"两字就"上头了"，赶紧找体育老师要求参加训练，体育老师欣然同意。

我一定能考上重点，我对我的判断很自信。我如愿考上了武汉体院，那时的体院还是重点本科，是国家体育总局直属的三所体育院校之一。考上武汉体院就是我的高光时刻，我心情无与伦比地美丽，我终于可以出去看看了，而且是大武汉，是有黄鹤楼和长江大桥的地方。

02 人生的关键转折期：大学殿堂里的全面成长

大学的生活丰富多彩，我经历了好多第一次，这些都是我以前在书里和在电视上看到的，现在都一一走进了现实。我第一次见到书中描写的宽敞明亮的图书馆，第一次见到闻名中外的黄鹤楼和武汉长江大桥，我也见识了武汉大学和华中科技大学这些一流的院校。特别震撼的是体院一流的训练场地，就是我们训练基本不用晒太阳。除了田径课外，其他的场馆都在室内，和高中相比我都觉得体院的每个课程都是享受。

当然体院训练是高强度的，对于我们这些高考上来的人来说，上文化课就是休息。几乎每天都有至少4-6节课在训练，有时候一整天都是训练课。

大二开始专项的课训练，我选的是健美操，一个动作反反复复会练习一整年，要美，要有力量，要会控制在某一角度。大二下学期健美操三级运动员通级前几天，我的膝盖突然肿了，不能打弯。医生说是滑膜炎要做手术。我后来和教练商量推迟考试，她同意帮我向学校申请明年三级运动员和下一届的同学一起考。

英国有句谚语："成功是成功之母。"我有个特点，就是在我低谷的时候我会回想我过去成功时的心态以及做法。我知道只要我静下心来，做好计划，我是100%能成功的。我很幸运，知道我自己怎么能成功。

我在养伤期间多修了几科理论课和围棋、桥牌。我想把学分先拿到，然后自己做个课程表规划怎么做接下来的训练，大三开学就可以按课表训练。

大三的时候还要考二级健美操运动员，我训练得更加刻苦了。我一边训练二级动作，一边练习三级动作，期末顺利通过三级健美操运动员和二级健美操运动员。

大学是我青春蜕变期最宝贵的4年，是我踏入社会的第一张通行证。在这里我学会了思考，我对世界的认知发生了翻天覆地的变化，我变得更加独立，对未来充满期望。

03 从教师到销售：不同的销售自我之路

我毕业后就进了司法学校教书，因为体制内"不便为外人道"的原因，我们几个同期的大学生都没有转正，屡次争取无用后，大家都各奔东西，我也黯然选择了离职。

因为在司法学校耽误了这几年，我觉得我失去了原有的睿智，这让我很沮丧。这段经历对我影响很大，导致我对学校有点抵触，我决定不再回学校。我心里想我没有背景，工作实力还是有的。我要找回原来那个自信满满的自己。有位哲学家说过：你的水平就是你最常接触的5个人的平均值，圈子的好坏决定了一个人以后的人生。我在学校期间认识了几个销售，我没事就和他们混在一起，所谓近朱者赤，经过一番思想斗争后我选择了销售行业。

隔行如隔山，看起来容易，做起来难。我刚开始入行销售，都不敢讲话。前3个月我跟着同事一起拜访客户，我见客户只会傻笑，尴尬得说不出一句完整的话。

3个月后同事离职了，我被逼上梁山，只能一个人去拜访客户。我每天随身带着笔记本，有不懂的和客户问到的，我就记下来问技术部门的同事，问我的领导。后来我会在拜访客户之前准备一套方案，可是客户并不会按着你的话题方向聊。我就慢慢地准备三套方案，再后来我综合客户的各种问题，进行排列组合，可以聊出好多种方案。

经过我的努力，半年时间我就开始出单了。虽然订单金额不大，但还是给了我很大的信心，很有成就感。那段时间我爱死销售成功的感觉了，客户持续采购和你保持良好的合作关系更有成就感。

有个客户我拜访多次，均遭到冷遇，后来我观察发现，他和一个别的产品的销售关系很好，我就从这个销售下手，和他交朋友，从他那里打听到，这个客户注重产品质量，个人喜欢运动。我想运动不是我的强项吗？接下来我就给他讲运动健身，我还把他介绍到我同学开的健身房免费指导他锻炼。大概3个月后，我和他已经无话不谈了，从工作聊到生活，从生活又聊到爱好等。我接下来邀请他去了我们公司让他了解我们公司的专业性，和对产品质量的把控。回来后，我拿到了第一个100万的大订单。

有时候真的是不逼自己一把，都不知道自己有多优秀。来公司的第3年，我晋升为湖北省主管，带领一个团队。在带领团队时，我会把我踩过的坑，记过的笔记都分享给我的团队。这样团队人员的工作效率翻倍，也使我们办事处的业绩一直保持在全国前5之内。

04 我的Plan B：打破僵局的勇气

在我们的业绩增长势头迅猛的时候，一场疫情给我们按下了慢动作键，我们的主要市场在建筑行业，在建房地产大幅度缩减，产品的需求量骤减，业绩也随之减少。

这几年特别焦虑，这不可抗力的变故，让我开始重新思索新的出路。虽然以前从来没做过Plan B，但现在要考虑了。

知名商业顾问刘润曾说："如果你只想取得一些小进步，那就改变行为；如果你想取得较大的进步，那就必须改变思维。"很多时候局限一个人的就是固有的思维模式，想要打破它就得不断地去升级重塑思维。而重塑思维就是要跟着老师学习，要多读书。

你关注的是什么，你的注意力就在哪里。读书变现很快就进入到我的视野，我觉得眼都亮了，那就现在开始改变吧。

说干就干，先在网上买了弘丹老师的《读书变现》和《精进写作》。我通过二维码链接到了弘丹老师，听了弘丹老师的一堂公开课，毅然选择加入了年度读书营。李笑来在《财富自由之路》中提到："要想做到，就要先从物理上接近目标！"我待在年度营重塑我的圈子，里面都是努力的同学们，也有很多大咖，像记忆管理师袁文魁和著名作家弘丹，想着也许有一天真的可以见到真人。

杨绛先生说："改变自己需要的不是勇气，也不是下定决心，而是经历，以及经历后的反思和行动。"这几个月我不再迷茫，思想状态先有了质的改变，我每天从微习惯做起，列出每日事项，早起的两小时做百日更和写作，每天进步一点点。

我知道我的选择是正确的，成功的必然之路就是不断重来，那些看似波澜不惊的日复一日，终会在某一天，让你看到坚持的意义。

 徐淇

中年觉醒的力量，第二曲线进行时

- 北京本科｜澳硕｜南洋理工大学校友
- 世界500强IT企业超过10年工作经验
- 新加坡保险业10年从业经验
- 中国国家理财规划师，新加坡IBFA高级理财师

春雨夜，我坐在新加坡东北部一家图书馆的长桌前，雨点打在玻璃上，模糊的窗影让我想起十几年前的某个晚上，我也曾坐在墨尔本Monash（莫纳什）大学的自习室里。那时的我，正在为一门经济学考试奋战；现在的我，正在为人生的第二曲线写下注脚。

彼时年少，以为人生不过是一张张答卷，按部就班地完成就好；如今回望才明白，生命其实更像一个未写全的AI提示词，永远不知道下一个画面会是什么。

01 Dare to Change ｜ 敢于改变

一场从北京开始的漂泊将要开启，这是要为成长而出发。

2004年，我刚从北京大厂辞职。那是我人生中第一次"出发"：离开世界500强企业总部的岗位，辞掉稳定体面的专业对口工作，收拾行囊，奔向另一个半球。

初到澳大利亚，一切似乎都不顺利，虽然考过雅思（IELTS），但对本地口音并不适应，租房吃力，坐火车迷路，那时都用国际电话卡，想家也不能随时打通家人的电话。最开始我读的是市场营销专业，这门以当地学生为主的课程中，要面对完全陌生的授课节奏和表达方式，压力非常大。于是，各种厚厚的英文参考资料被我随身带着，课堂笔记打印出来没事就看，就这样，我硬是挺了过来。

至今记得，有几门关键课，我拿到了优异的成绩，那是我熬过整个学期，经常凌晨苦读换来的成果。当时澳币汇率很高，只比美金低一点，每笔学费和生活费都让人心疼，为减轻学费负担，也为更好地适应当地生活和语言环境，我开始寻找打工机会。那段时间每周有两天，早上5点我就坐火车去一家咖啡馆打工，在和本地顾客的沟通中，我的思维和语言模式也逐渐融入当地。日子繁忙但踏实，我学会了一个人坐火车、学习、生活，扛下所有孤独和焦虑，直到顺利拿到硕士学位。当改变再次如约而至，我马不停蹄地进入人生的下一个转折点，另一个新国度。

有人问我，当初为何放弃优渥的生活，背井离乡？我总在想，人在年轻时，仿佛都有着一种与生俱来对命运的好奇和自我探索欲，催促你不顾一切地奔赴远方，给自己争取另一种人生可能。

如果你现在也正经历那种"明明做了决定，却还是不确定"的时刻，那种感觉我太懂了，我想对你说：你敢于改变的那一刻，你就已经比大多数人勇敢了。

02 Courage in Change ｜ 改变中的勇气

第二站，我从袋鼠的故乡，来到了鱼尾狮的地盘——新加坡。相比第一次出走，这次的改变，更像一次"转身"。

狮城新加坡，是众多跨国公司的亚太总部所在地，工作环境也是多元文化团队合作，同事个个背景优秀，出差频繁，节奏超快。新加坡公众假日是按种族均摊的，华人春节只有两天，和国内约两周的长假比，真是有点短。为此，每年我认真规划年假，只为多些时间回京探望日益老迈的双亲。

每每回家，远远望到首都机场国际到达厅右侧的万里长城巨幅画墙，我的心情都无比雀跃，迈着轻快的脚步走下扶梯。而离别时，则是格外心碎、抗拒：在国际出发的大牌子下，我都像春节假期后不得不挥别至亲的异乡打工人一样，满眼噙泪，不敢回头。这时候，身材瘦小、头发已斑白的老父亲总是慈爱地递给我在航班上吃的水果、点心等（母亲事先准备好的），一边提醒我"到了就发个信息"，一边小心翼翼地帮我拉着箱子。他的腰因为年纪大了有点弯，但还是坚持把我送到通道口。

那一刻，我强忍着眼泪，硬背着行李，走向海关。机场明亮，人来人往，而"国际出发"那4个字，像是一道看不见的墙，把我们隔在了两个世界。回程的飞机上，我一遍遍问自己："为什么自由对成年人这么难？"我想换一种方式活，更具体地说，我想拥有可以随时回家的自由。终于，我做了一个让朋友们不解的决定：不再打工，立志成为自雇人士。变成一个没有底薪、靠自己找客户、在很多人眼中朝不保夕的保险顾问。

改变从来都不容易。做决定容易，坚持下去才需要勇气。一口气通过4门英文执照考试后，我尝试做陌生电话拜访，查厚厚一本的英文黄页，翻看那些拼音姓氏像华人的名字，一个一个拨打。挂电话、被拒、被冷处理。有一次，我戴着工作胸牌，和另一名同事在红山附近的组屋（HDB）扫楼，从一楼开始，一层层敲门问询，时而吃个闭门羹，时而站在门口被冷眼拒绝。一天下来，腿酸背痛，声音沙哑。那个曾经只写PPT、在空调房开会的我，在热带气候的炎炎烈日下，在推介会上不知疲倦地用中英文和路人们微笑着打招呼……

最终，我都坚持了下来，并且是10年。这背后的原因是什么呢？

是一个理由，一个真正的理由，一个从内心呐喊出的理由。对我而言，就是亲情，让我为家人转身。当愿力大于阻力，目标大于困难时，一切都迎刃而解。

03 The Power of Change ｜ 改变的力量

成为自雇人士后，原来因繁忙无暇思考，现在开始在独处时慢慢复盘。渐渐地，我发现，我不是个做销售的。特别是在经历几次重大理赔后，当雪中送炭的大额支票送到客户手中时，那份充满感激的眼神触动了我，我深深地觉知：我是在送一份安全感，在这个充满不确定的世界送出安心，这种感觉是我喜欢的。

你选择了一份职业，这份职业也在重塑你，这种改变的力量让我震惊。我变得不再那么利己，而是想着如何利他。我的客户也大都是"新漂"，或求学创业，或工作移民。从陌生开始接触，怕因自己没说好，让对方错失必要的保障，我开始学着把一份承诺说得有温度。在我眼中，客户也逐渐由业绩目标，变成一个个活生生的生命和血肉之躯，他们的背后是一个家庭、一段责任、一种对未来的承诺。我心里暗暗发誓，凡有缘遇到我的人，都能通过我的分享，让他们的身体、财务都得到保障，越来越幸福。

一次，某团险客户加保了一个新福利项目，由于是新事物，因沟通有误导致部分索赔无法报销，我站在客户的角度着想：为了兑现对方对员工的承诺，我自掏腰包，主动承担了这笔费用，为客户守住了承诺，我非常开心。

我在世界500强企业做了10年，在保险业也坚持了10年。我常开玩笑说："在事业上，我是个长情之人。"但长情不代表不变，不断与时俱进，方能长情。

04 Keep Living,Keep Changing｜人生不止，改变不停

在新加坡保险业深耕10年后，步入中年，我开始有所觉醒：人生前半段路是冲活力，后半段路是冲智慧。

于是，我又走进课堂，成功申请到南洋理工大学FlexiMaster课程，和20多位新加坡职场人一起线下学习，在新的领域继续深造：从数字营销、数据分析、财务管理、企业商业道德与社会责任等课程中汲取新营养。在实操课上，学文科的我也尝试着用Tableau、KNIME、Weka等软件做数据分析，业余时间，用Notion搭建自己的知识管理系统，并研究AI智能体，这些都给我带来巨大的改变。

2025是AI应用元年，AI将在每个行业引发颠覆性变革，也带来了无比巨大的机遇。关于AI，我想说它只是个工具，遇强则强，遇弱则弱。就好比自己没料，也用不好这位能干的"实习生"。唯有融入血液里的底层逻辑理念，才能真正把它用活。

很欣赏那些先知先行的人，已开始为企业或自己打造第二曲线。第二曲线对有的人来说是创业、搞副业，有的则是在既有专业领域的精进和提升，我是后者：我设立了新的目标——"1000 Better Life"，立志在我的职业生涯中，让1000个生命变得更美好。如果说第一次改变是为自己，第二次改变是为家人，那么这次，是为了内心的觉醒。

特别想对中年重启，却缺乏勇气的朋友多说几句：人生是一场体验，无关对错。我有句玩笑话：老天给每个人题型不同，但难度系数

差不多。没有人能不接受改变的考验而随便成功，重复旧的行为，只会得到旧的结果，唯有主动变，才能应万变。中年的优势是阅历和经验，这是时间独有的礼物，你的习以为常也许正是别人的渴求，分享你热爱和擅长的，让他人少走弯路，是件有价值的事。

改变之际，我有几条发自内心的建议，希望给大家带来一点帮助。

1.找到想改变的真正原因

2.聚焦最核心的事，不撒胡椒面

3.提升系统性思维，让系统为你工作

4.及时复盘，动态调整

5.内化输出才是真正属于你的

6.勇于公开表达，让同频的人和事靠近

AI时代，在改变的征途中，愿和你们一起，彼此陪伴，在路上也是一种勇气。

春安，为勇气加油！

熠婷

理科生皮囊里的文科魂：在矛盾中走出自己的改变之路

- "90后"职场宝妈
- 英国东尼·博赞思维导图认证管理师
- 儿童阅读指导师
- 热爱阅读、写作
- 在简书平台上创作了800余篇随笔，曾持续日更600余天在人生的海洋中，我们都是命运的舵手。在掌舵梦想之舟时，总会面临改变航向的抉择时刻。而我，一个出身理科的女生，在文字的波涛中开辟了属于自己的航路。

01 改变的第一级阶梯：错位的齿轮

2006年，手持"文理分班表"的我做了一个出乎众人意料的决定：在理科选项的前面毅然地画上了钩。

这并不是因为我对理科有多喜爱，而是因为我对文科的历史有着很深的厌恶——不仅仅是因为历史事件年代表令我头昏脑胀，还因为历史老师每次到我们班上课时那副居高临下的姿态令我厌烦。

组建新班级后，所有的班委、课代表都要重新选择。当语文老师在课后宣布想要做课代表的同学可以在课后找她时，我当即在课堂上就举了手，于是顺理成章地当上了语文课代表。

理科生的生活沉浸在公式里，是枯燥的。当班里大多数同学都在语文课上悄悄讨论着未完成的数理化习题时，我却在语文书上认认真真地记着课堂笔记。

高二上期，我所在的班级更换了语文老师，是一位刚从师范大学毕业的年轻老师，教学风格也和之前的老师有一定的不同，作为语文课代表的我却很快适应了。

在高二上学期的期末考试中，我考取了语文单科理科班年级第一的成绩，和全年级语文单科第一的那名文科班同学仅仅差了一分。而我的数理化成绩，却在及格线边缘徘徊。

即使在如此极端的情况下，我依旧没有选择离开理科班，而是咬牙坚持到了高考。

高考的分数给了我当头一棒，400多分的成绩离当年的本科线还差了一截，理综成绩还没有语文单科成绩高。

倔强的我不肯选择复读，而是选择了重庆的一所高职院校。进校后因为专业调剂，我被调到了当年只招文科生的水务管理专业，开启了我的大学生涯。

大学生活总的来说还算顺利，作为本专业唯一的一位理科生，在大二某次"水环境监测与分析"专业课上，当老师问及氢氧化钠的相对分子质量时，我脱口而出的"40"收获了周围无数诧异的目光，老师也微笑着对我点头表示赞许。

法国作家维克多·雨果曾经说过："命运不是偶然，而是必然，只要我们努力，命运就会青睐我们。"

在语文课本上倾注的那些心血，与专业调剂的阴差阳错，终在"40"这个数字上完成宿命般的啮合。此时的我恍然领悟到：人生没有绝对的分岔路，每个选择都在为未来积蓄力量。

02 改变的第二级阶梯：裂缝里的微光

大学毕业后我进入社会参加工作，因为母亲不想我离家太远，于是我就在家附近找了一份行政单位的合同制工作，想着在工作的同时再慢慢备考正式编制。

我所在的单位相当于一级政府的办公室，我所在的综合科更是被称作"办公室的办公室"。每天和文件打交道的时光枯燥又乏味,空闲时间在电脑上码字成了我唯一的乐趣。

2016年,我经历了婚姻失败。协议离婚后,前夫并没有按照协议上所写的按时支付抚养费。在此情况下,我开始萌生了寻找"第二职业"的想法。

由于自己并没有一技之长,便想着通过学习来获取改变命运的机会。正好当时我加入的"大V店"里有很多课程,在学习课程的同时,我看到了久亚教育"思维导图初级讲师认证班"的招募信息。

因为之前参加过尹丽芳老师在大V店里的"思维导图系列课",对思维导图有一定了解,也对那种图文结合的表达方式很感兴趣,于是我果断报名参加了培训。

经过学习和考核,我拿到了久亚教育"思维导图初级认证讲师"的证书,这也是我踏入职场之后的第一本专业技能证书。

在此之后,我在学习领证的道路上便一发不可收。我先后获得了久亚教育快速阅读初级认证讲师、儿童阅读指导师、英国东尼·博赞思维导图认证管理师、绘本阅读指导师、阅读测评师等专业证书,大大拓宽了自己的知识范围。

2017年,我鼓足勇气将自己的作品发到了QQ空间里,被报社的同事看见后,将我的处女作《来世愿做你肩上的星》推荐给当地刊物《双桥文苑》上进行连载,这也是我第一次在杂志上"露脸"。

这次经历给足了我创作的勇气。此后我的作品又陆续刊登在本地报刊上,这坚定了我在写作道路上继续前进的勇气。

当生活不如意时,我决定和文字签下协议;当失败的婚姻碎了一地时，写作的念头从裂缝里滋生出来。那些被文件捆住手脚的日子，竟酝酿出了《双桥文苑》上的一篇篇文章。

如今的我左手攥着专业证书当方向，右手举着写作爱好当火把，在生活的废墟上重新搭建起自己的人生。

03 改变的第三级阶梯：破茧者的坐标系

一次偶然的机会，我通过"荔枝微课"上的"18堂读书写作变现营"认识了弘丹老师。后面在尹丽芳老师的朋友圈里看到弘丹写作成长学院在招募年度会员时，我便毫不犹豫地报了名。

在参加"21天零基础写作训练营"时，因为自己选择的输出平台是简书，无意间看到简书上正在举行"写作日更活动"，日更写作达到相应的天数后，便可以获得对应的徽章奖励，徽章会展示在个人主页中。

"21天零基础写作训练营"要求每天根据提示输出一篇文章发布到自己的新媒体账号上。反正每天都要写，何不参加这个活动试试自己能够坚持多久呢？

报名参加"写作日更活动"后，连自己都没想到，这一写就是一年多。如果不是那一次因为工作断了日更，或许此刻的我仍在坚持。

日更400多天时，恰逢新一期的"21天零基础写作训练营"开营，我的文章《坚持日更400多天后，我收获了什么》经过写作教练的修改点评，最终在公众号"弘丹在写作"上发表，这也是我发表的第一篇新媒体文章。

在参加简书日更的600多个晨昏里，我养成了随手记录灵感的习惯，生活中一些在旁人看来不起眼的小事，总能化作我的一篇篇随笔。

正是因为我在写作上的坚持，当"写作日更活动"结束后，有伙伴在社群里询问是否有人还在坚持写作时，我积极做出回应，也因此结缘"乐乐读书会"。

在"乐乐读书会"，我勇敢地面对摄像头，和伙伴们以视频连麦的方式开启了视频号讲书之旅。我从一个在公众面前不敢大声说话的人，变成了可以在摄像头前侃侃而谈之人。

截至目前，我参与了10余本书的直播连麦讲解，通过和伙伴一起连麦讲书，我加深了对所讲书的理解，每次直播结束后生成的后台数据，成了我的第二人生坐标系。

回望这段从零开始的写作旅程，我深深体会到：改变的勇气往往始于一次微小的尝试，却能在坚持中生长出破茧成蝶的力量。

当我在简书"日更挑战"界面摁下"我要挑战"的按钮时，未曾想到文字会带我穿越600多个日子，更不敢想象自己能在视频号镜头前大方地表现自我。正是这份敢于突破舒适区的勇气，让写作从单纯的文字输出变成了生命蜕变的见证，让怯场的素人成长为自信的讲书人。

恰如美国作家海明威所说："优于别人，并不高贵，真正的高贵应该是优于过去的自己。"

每一次直播，都是对怯场少女的告别仪式；每一条弹幕，都在为破茧者标注新的经纬度。

人生的坐标系永远在勇者的脚下延伸，当我敢于直面镜头里的自己，敢于将内心独白转化为公开表达，改变早已悄然发生——它是握在掌心的火种，能照亮每个平凡日子里的非凡可能。

04 在不确定中继续前进

人生在世30余载，回望曾经走过的人生路，所谓的"高光"从来都不是突如其来的，而是无数个伏案写作的夜晚、认真备考的周末、对着镜子练习微笑的清晨一点点拼出来的。

改变其实并不难，无非就是把眼前能做的事先做好。当年在办公室偷偷写稿子的时候，谁也不曾想到今天的自己居然能参与合集的创作，当时只是想着无论如何都要完成当天的写作字数；为了考取思维导图证书而努力时，也不过是觉得学了这个说不定能够多一份工资以外的收入。

人生永远没有确定的答案，未知的明天谁也无法预测。但只要拥有敢于"重新再来"的心态，就能把昨天踩过的坑变成今天垫脚的台阶，将过去的犹豫不决转变为明天的果断前行。

周文心

始终向上生长，突破人生挑战

- 985大学硕士
- 二孩职场妈妈
- 阅读写作爱好者

前段时间，网上一则形容90后的段子很火："生我时嫌多，我生时嫌少。工作时嫌我老，退休时嫌我小。"作为一名在农村出生的90后，我对此深有感触。前有长姐，后有幼弟，是那个年代的典型缩影。

从自卑的农村女孩，到阳光的都市女性，在过往30余年，我始终脚踏实地，向上生长，突破了人生的一个个挑战。

01 从农村到广州：学习改变命运

培根说："知识就是力量。"

然而，在义务教育还没有普及的年代，很多孩子无缘知识的力量——读书费用成为很多家庭的沉重负担。我们家也是如此。记得小学时，我们姐弟三人的学费往往要到学期快结束时才交清，因此被老师留下也是家常便饭。在这样的压力下，很多孩子都在小学没毕业时就辍学外出打工。

看着姐姐和很多熟悉的朋友离开校园，我的内心却有一个坚定的声音：我要读书！

10岁时，原本在家务农的妈妈也要外出打工，我和弟弟成为留守儿童，辗转在多个亲戚家寄居，也换了很多所学校。拥有多大的内驱力，就会付出相应的努力。珍惜学习机会的我们，不论在哪所学校，成绩始终名列前茅，最终双双考入满意的大学。

如今，当我路过城市的一些工厂，看到里面的工人夜以继日地忙碌着。我知道，如果不读书，我也会是其中的一员，我的孩子也会像自己小时候那样被放在老家读书，跟我们小时候一样成为留守儿童。

回顾过往，我无比感恩，自己拥有改变的勇气，从7岁到25岁，从农村小学、初中到县重点中学，再到985高校硕士，我用了18年的时光，一路高歌向前，创造了与父辈不一样的人生轨迹，实现了走向城市的梦想。

02 从自卑到自信：行动带来勇气

每一次出走都是一场冒险，走与父辈不一样的路，意味着在人生的十字路口，只能靠自己去闯，有时真的会撞到鼻青脸肿。

当我喜悦地带着第一部诺基亚来到学校时，却发现同学们已经普及了智能手机。而在进入大学之前，我从未接触过电脑、打字，对用它搜索资料更是一无所知。

上第一节计算机课时，同学们都应付自如，而我全程对着屏幕不知所措，敏感自卑到默默流泪。后来第一次见到电梯、第一次进商场、第一次学游泳、第一次看到同学时尚的打扮，这些经历都交织着新鲜和胆怯。

林清玄说："人要活得像一株'落地生根'，看起来这样卑微，但有生命的尊严；即使长在最贫瘠的土地，也要开出最美丽的花；在石头缝里、在盐分地带，也永远保持生存的斗志。"

我感觉自己像一株生在农村的草，在城市的土地上，显得格格不入。好在，我内心始终有着改变的勇气。

从大一下学期起，我决定从改变身材开始，重启大学生活，于是坚持跑步减肥，严格控制饮食，半年内成功减重30斤。

在学业上，我重拾高中备考时的刻苦劲头，当同学们沉溺于恋爱与游戏时，我则在自习室专心致志地学习。大一结束，我的成绩跃居全班第一，让大家头疼的高等数学、物理等学科，我都拿到了满分绩点。这份好成绩持续了整个大学和研究生生涯，让我先后赢得了保研资格、国家奖学金等稀缺资源。

除了学业上的突破，我还利用勤工助学和外出家教的机会，早早实现了经济独立，不仅不用从家里拿钱，还养成了定期储蓄的习惯。多年的历练，充实了我的简历和钱包，毕业时，我手握国企的offer和5万元的积蓄，开启了职场之路。

阿德勒在《自卑与超越》中写道："自卑可毁灭你，也能成就你，关键在于如何将负面情绪转化为行动力。"

如今在面临新的机会和挑战时，我偶尔也会怀疑自己，但想到自己曾经的勇敢，我都会告诉自己：真正的勇气不是没有恐惧，而是在恐惧中依然选择前行。

我的心中仿佛有两个自己，一个是刚上大学时自卑的花季女孩，一个是当下阳光自信的成熟女性，因为敢于行动和改变，她们终于可以和谐相处，让我获得自洽的力量，建立了底层自信。

03 从青涩到成熟：改变带来突破

研究生毕业，我顺利加入一家国企，也快速完成买房、结婚、生子等人生大事，一切看似顺遂，但生活的打击总让人猝不及防，我就这样迎来了人生的至暗时刻。

首先是职场发展缓慢，身处边缘岗位，我始终找不到职场价值感,也热衷于与同事抱怨。

其次是遭遇经济打击,2018年房地产市场一片火热,而我和丈夫都出身农村,明知偏远郊区房子暂时住不上,还是急迫地想买房安家。这个决策,不仅让我们掏空积蓄,背负巨额首付款债务,还要同时应对房租、房贷和房价暴跌的三重压力。

最后是经历身份转变,2019年我生下大宝,接踵而至的压力让我产后一度陷入焦虑和抑郁的漩涡,家庭关系和身体健康都亮起了红灯。

然而,人生没有死胡同,看似无路可走,其实柳暗花明。艰难时刻,《精进写作》一书给我的生活带来了曙光。当时公司提倡培养"能说会写还能干"的青年骨干,精进写作恰是我的迫切需求。

借助自由书写,我将内心积压的负面情绪倾泻于文字,沉浸式书写让我意识到,我习惯于把生活的不如意全部归咎于外界因素,比如职场没有机会、原生家庭不富裕等。

但就像弘丹老师说的,我们要培养自我担当的品质,为自己的人生负责,因为让自己变得更好,是解决一切问题的关键。

在这样的指引下,我逐渐放下抱怨,专注于本职工作、经营家庭和写作成长,并将在社群学到的写作、短视频拍摄、直播等技能应用到职场。当我全心投入工作,职场贵人与机会纷至沓来。

经过不断努力,我顺利转岗,实现升职加薪。在家庭关系方面,我践行"彼此顾念""非暴力沟通"的理念,营造了温馨的家庭氛围。

你所面对的每一个问题,都是你内心深处的镜子。敢于改变才能擦亮镜子。如果此刻你也面临着挑战,不妨从最小的改变开始突破。

比如，读一本书、学一个技能等。你会发现，当你改变了，世界也会随之改变。

04 从自助到助人：点亮写作梦想

很喜欢一句话："因为淋过雨，所以想为别人撑伞。"

阅读和写作，像光一样照在了我生命的裂缝之中，而我也通过阅读写作照亮了身边人。

入职以后，我依然保持阅读的习惯，在公司团委的帮助下，我们组建了青年读书协会，帮助同事们培养阅读习惯，构建书香团队。

5年来，我们举办了几十场线上线下共读活动，影响了近万人爱上阅读。近年来，AI技术发展如火如荼，公司有大批跟我一样的行政类工作人员，迫切需要掌握AI技术。于是我们响应号召，开展了系列AI阅读活动，还邀请了优秀作者亲临现场分享演示。经过系统学习，同事们都能熟练应用各种AI工具，大大提高了工作效率。

除了AI，我们还聚焦同事们的身心健康需求，举办亲子共读、沟通提升、心理疗愈等活动，收到大量好评，协会影响力不断提高，还获得了国家级优秀阅读组织等荣誉。读书之余，我们还通过链接很多优秀的同事，助力彼此的职业发展之路。

在写作方面，从零开始学写作近6年，我不仅在多个平台发表作品，还成功通过弘丹写作学院认证，成为一名写作教练，开始手把手辅导零基础学员提升写作技能。每次听到学员说"文心老师，谢谢你，让我坚持写作"，我都能感受到身上那股向上生长的力量变得更加强大。虽然写作之路上同行者来来去去，我坚信自己会始终坚持，并陪伴更多人一路同行。

写下这段文字时,我刚迎来生命中的全新角色——二胎妈妈。家有二宝,让我更有勇气在成长的旅途中乘风破浪。未来,我要继续做好自己人生的CEO,用阅读写作赋能职场和家庭,也帮助更多像我一样的职场妈妈,爱上阅读写作,活出闪闪发光的样子。

漫漫人生路,愿我们都能怀揣勇气,持续向上生长,在生活的荆棘之路中绽放属于自己的光芒。

佟小月

不断试错的人生剧本
成为我行动的勇气

RIA学习法导师 ●
三级拆书家 ●
感恩日记深度践行者 ●

晨雾散尽时，总有人发现昨日的灯塔已经不在原处。我站在30岁生日的门槛上，望着镜中不再如过去飘忽迷茫的眉眼，我的眼神多了几分笃定和自信，我忽然想起19岁那年写在日记本扉页的那句——"如果人生是一场剧本，我愿做永远向前的旅人"。钢笔划过纸面的沙沙声里，藏着一个女孩子对未来美好的全部敬畏与期待。

所以接下来我要带你一起看看我的故事。

我出生在一个县级市，自幼父亲去世，我还有一个双胞胎的姐姐，妈妈是一个吃了很多苦，经历了很多磨难，但还是把我俩供读到附近城市去上大专的要强的女人。大学毕了业，姐姐在家乡的省会城市找了工作，我被学校分配到体制内干着上一休二的倒班工作。目前除了依然是一名体制内工作者，还是一名正在不断突破自我、试图创业的职场女性。

要问命运的齿轮是从什么时候开始转动的，那可能还要从高考那年说起。

一直憧憬做一名小学老师的我，因为高考失利，最后被调剂到一所铁路学校。家人都说这所学校好就业，毕业后就可以进入铁路，有一份工作可以养活自己。于是我听从了家人的建议走进这所学校。家人都觉得我能够走出县城，拥有一个"铁饭碗"，是别人梦寐以求的事情，可是每天重复的、枯燥的、毫无创造力的工作内容让我觉得生命毫无意义，自己也没有任何价值感。可是，如果辞职，我也不知道自己暂时可以做什么，我更没有办法接受没有收入的生活，也不想去和家里人要钱，所以只能先做着这样一份工作。想着先填饱肚子解决自己的基本生存需求，再利用自己的休班时间不断地累积和学习，拿着"十年磨一剑"的心态有什么事是干不成的呢？于是，我一边在体制内"墨守成规"地工作，一边下班后偷偷学习……

写到这里，大部分人可能会以为大女主韬光养晦厚积薄发的故事要展开了，可是，并没有，接下来的这10年竟然都是我的试错时光……还记得我在前面提到报考前我的理想是成为一名老师吗？直到在这种"墨守成规"的工作环境下我依然能感受到曾经理想的小火苗一闪一闪的不肯熄灭，于是想着，休息后可以到住所附近的托管班做一名托管老师，可是因为我倒班的原因，托管机构没有办法接受我，于是，接近理想的行动第一次破灭了。

01 身体是革命的本钱

找不到和老师相关的工作，可是业余时间又比较充裕，加上人在异乡没什么亲戚朋友相聚，总是一个人待在宿舍实在太无聊了，最重要的是自己的身材在一天天发胖，这可怎么办呢？我还记得自己上大学的时候有一个舞蹈梦，干脆报个舞蹈班学学舞蹈吧，总比自己天天一个人闷在家里强。我在手机上查了一下，就去体验了一节舞蹈课，于是就有了"一见杨过误终身的体验感"，我开始沉迷于舞蹈无法自拔。平均每天练舞要练到七八个小时，持续了半年时间，我的舞蹈水平就可以做代课老师了，本来想着平时做个代课老师也不错，既可以减肥、陶冶情操，又可以有一些副业收入，真是一举三得。可是当我去一些舞蹈机构询问是否需要操课教练的时候，对方再一次因为我的倒班制原因被拒绝了,就这样,我与"当老师"的理想再一次失之交臂。尽管如此,我依然没有放弃。

02 演讲主持之路为我铺垫

因为上大学的时候,我就经常参加社团的一些演讲比赛,所以进入单位之后,偶尔有类似的主持或演讲活动我也会积极参与,而想到自己既然热爱主持,不如专业学习一下,做一个商演和婚礼主持人也是不错的。于是,我在手机上搜到一家做主持的培训机构就去报了名。我的上班时间是从早上八点到第二天早上八点,于是每次早上下班,我就会背着包坐着地铁去上课。尽管大多数时候,摇摇晃晃的地铁把本就又累又困的我晃得迷迷糊糊的,可我还是乐此不疲地这样做着。我在课堂上认真听讲,课后我每天都会抽出时间到楼下的小树林里去练嗓,要背稿子我就用手机里的录音机录下来反复听反复背,没用多久,我就接到了自己人生中的第一场商演和第一场婚礼主持活动。本以为从此我就可以逆风翻盘,人生直线开挂,可是因为上班的时候没有办法拿到手机,很多活动找我时我都没能给人及时回复机会就给了别人,加之很多活动是在周末,我的倒班制再一次成了"绊脚石"。

很多人可能会说,你的工作既然如此牵绊你,为什么不干脆辞职去做自己喜欢的事情呢?的确,我知道小人物加速成长、逆天改命的故事,毕竟这样的"套路"才是这个时代的流量密码。可是,人还是要先考虑"面包",才会再去幻想"玫瑰"。月亮很美,六便士我也得捡。

03 嫁人生娃，人生走向下一个关卡

接下来我的人生又脱离了我自己期待的剧情设计——"口罩时代"来了。本以为我会在口罩时代下发愤图强，再一次扬帆起航，可是没想到，我遇到了我的"好好先生"。按照大多数电视剧的节奏，我们完成了相识、相知、相爱到结婚。我以为从此王子和公主幸福地生活在了一起。可我接下来经历的却是家庭伦理剧剧情：千百年来无法解决的婆媳矛盾在我家上演，不被丈夫理解，夫妻间开始无休无止的争吵，而我一边应付着婆婆和老公，一边每日忙着给孩子冲奶粉、换纸尿裤，还有一堆繁杂辛勤的劳动。几次一个人默默地熬着夜，无助地吧嗒吧嗒掉着眼泪，我抑郁到差点想自杀。

我也开始重新审视自己的人生，开始重新追问自己：你到底想要什么样的生活？到底什么对你来说才是最重要的？我得到的答案是：我想和家人和和美美地生活在一起，我想让自己的人生过得更有价值一点，我想畅汗淋漓地体验一把自己做主角的人生；我想找到自己，去完成自己那些想完成但还没完成的使命。

04 行动，从来不晚

既然热爱舞蹈，那抽时间就去跳吧；既然热爱主持，单位有机会就上吧；既然热爱当老师，那就把自己看过的书分享出去，自己给自己找一方三尺讲台吧；既然想和家人幸福美满的生活下去，那就看一看关于夫妻关系和沟通方面的书籍去改善家庭关系吧！就这样，我开始了看书自愈……因为很多书中提到"感恩日记"是有效改善家庭关

系的良方，抱着试一试的态度，我开始记录感恩日记。于是，从2024年到现在，我已经记录了349篇感恩日记。记录了一段时间之后我才发现，原来家人为我付出了这么多，生活中那些我们习以为常的小事其实是她们包容和体谅的结果。家庭关系缓和的同时，我也越发感受到目前生活的富足和幸福感，一切都在向着正面的方向前进着。既然"感恩日记"魔力如此之大，不如开展日记社群，大家一起来做这件事。所以目前，"感恩日记社群"已经更新迭代到5.0版本，加上自己之前经常做沟通方面书籍的分享，我开始做"家庭关系沟通力课程"。未来，我还会向着"家庭关系沟通咨询教练"的方向发展。

可能有些人会问，这些行动还是没给你带来金钱上的正向反馈，你还会坚持下去吗？的确，目前的这些行动没法让我立即变现，可我找到了自己的人生方向，而我也明白：钱不是目的，能够按照自己的价值观去生活才是我想要的人生。所以，我开始积极投身到自己的"事业"当中去。下了班，等娃睡了以后开始写读书会分享稿。写到凌晨两三点也是常有的事，单位有活动的时候我也在积极参与，而且每个月都会抽出时间去两三次舞蹈房。

虽然我的人生经历了10年的试错才找到了自己的人生终极目标，在外人看来一部电视剧经历了10年才让观众看到了所谓的高潮，可我想告诉你的是，只要你有一颗不想放弃自己的心，只要你心里的小火苗一闪一闪的同我一样不肯熄灭，任何时候开始行动都不晚。你看我用了10年的时间试错，难道你还没有开始行动的勇气吗？

或许你会问，从前的试错对我来说有什么意义？我想说，当然有意义，去托管机构想当托管老师，说明我确定了自己未来的方向是老师；学习舞蹈让我拥有了健康的身体和重拾面对生活的勇气；学演讲做主持让我锻炼了自己当众讲话的能力，也为我后面去做图书分享做了很好的铺垫；即便和家人磨合争吵的看似不好的经历，也是促进我反思的加速器。所以，亲爱的，我要告诉你，人生没有白走的路，每一步都算数！不断试错的人生剧本可以成为我们每个人行动的勇气！

 潇敏

以勇气为笔，在命运裂隙中书写人生进化论

- 12年金融行业从业经验
- "90后"培训管理师
- 终身成长践行者

站在故乡海边,熟悉的海风轻轻吹着,潮水退下去后,沙滩上露出一道道沙子缝儿。我低头一看,有个贝壳倒着插在沙子里,壳儿歪歪扭扭地朝上挺着,就像在跟谁较劲似的。

突然间,我觉得自己很像这贝壳,一路成长遇到困难,咬紧牙撑过去,揣着一股在裂隙中生长的勇气去改变自己……

01 父母爱与身教,托举起成长的觉醒

"你原生家庭应该很幸福吧?"我摩挲着咖啡杯壁的手突然僵住,陶瓷的寒意窜上脊背,被岁月包浆的往事,如潮水般涌来。

记忆里,家庭的具象化是:40平方米的出租屋,挑货的扁担,手掌厚厚的老茧,露天的烟草摊,暴雨中绷成弓的脊梁,煮饭的煤球和深夜的争吵……

我的父母成为小镇市场小摊贩,一日复一日地摆摊赚取一家5口人的生活费。我看到的是他们的无奈而又不得不坚持。10岁那年暴雨,母亲从屋檐冲向露天烟草摊的身影,在雨幕中拉成扭曲的剪影。这样的场景在雨季反复上演:是父亲或是母亲,用身躯在风雨中守护着全家的生计。

18岁那年,高考成绩不理想,我攥着高考志愿表,内心充满挣扎。深夜,父亲很平静地对我说:"我怕你被困在这小镇里走不出去。"这句话让我整晚失眠,父母一直怀揣着质朴的期望:三个孩子能够考进大学,走出小镇,哪怕是一所旁人眼中再普通不过的大学,

也算是能有不同的命运。我恍然间读懂我的家庭朴素的哲学：生命本就是在裂缝中寻找支点。

踏入大学，清晨的雾气中，我努力纠正着浓重的乡音，这里面有对新自我的期许与挑战。课堂上，我近乎偏执的求知，视每节课为知识宝库的钥匙，心底的求知欲如春日新芽般蓬勃生长，是父母的爱和奋发向上的精神让我有了这股劲儿。

职场征程，我稳步前行，志在高远。第3年，我凭借着努力，成功晋升管理岗，开启了新篇章；第5年，我倾力赋能同伴，助力他们在职场中成长；第10年，我的年薪翻倍增长。

每一个在加班深夜抬头的瞬间，我都能想起当年父母护着露天烟草摊的场景，父母对我们的爱已成为我成长的力量。

我的人生总是在"别人庆功时才开始奔跑"，但谁能说马拉松冠军不如百米选手夺目？人生初始从来不是公平的盲盒游戏。有人含着金钥匙降生在罗马城里，有人揣着陶土在小镇起跑，那些刻在自己骨子里的韧性和勇气，无疑是原生态家庭对我的影响。

02 不断重复淬炼，打磨不可替代的锋芒

2013年，前辈那句"温柔的人不适合干这行"，对我是一种打击，因为现在走的路正是我的职业选择与坚持。我并不知道，这场始于否定的人生突围，实则是与另一个自我长达10年的角力。

学历成为我职场路上难以逾越的障碍。同批入职的管培生自信谈名校背景，我却在入职培训间隙反复擦拭着工牌，自卑与不甘如影随形。

拆解第200通客户录音的夜晚，笔记本上是密密麻麻的复盘记录，我下班路上还在和同伴反复探讨着技巧和细节奥妙。一种荒诞感袭来：这个强迫症般自我证明的躯壳里，是否正囚禁着真正的我？

听着地铁行驶的轰鸣声，我蜷缩在车厢角落，指尖反复摩挲着《话术十二式》，书页间是层层叠叠的批注。整整两个月，我反复咀嚼200通录音，逐字剖析措辞与逻辑。这近乎笨拙的"慢功夫"，实则藏着职场最朴素的生存法则：真正的竞争力，从来不是灵光乍现的天赋，而是把重复做到极致的偏执，是将刻意练习刻进呼吸的自我要求。当每个字都被反复打磨成利刃，那些咬牙坚持的日夜，终将淬炼出无可替代的专业壁垒。功夫不负有心人，历时3个月我终于成为一名Top员工，用实力证明了自己，也悟出职场小白进步方法论。

1.夯实基础：稳扎稳打，循序渐进。以"记—背—实践"循环为核心，系统性学习岗位基础技能与知识；摒弃急功近利心态，聚焦长期职业发展。

2.对标学习：模仿起步，内化创新。主动观察行业标杆或优秀同事的工作模式、思维逻辑与行为习惯，先复刻其成功经验，后在实践中结合自身特点来调整优化，将他人经验转化为个人方法论，形成差异化竞争力。

3.复盘迭代：总结经验，持续优化。定期对工作成果、流程进行复盘，分析成功要素与失败原因；提炼可复用的经验，制定改进计划，通过循环优化不断提升工作效率与质量，沉淀个人知识资产。

4.自我增值：保持危机，主动赋能。注重行业趋势与岗位需求变化，建立"不可替代性"意识；通过技能学习、项目实践、跨领域知识拓展等方式持续提升综合能力，强化职场核心竞争力。

人一旦习惯了优秀，不优秀会成为摒弃的标签。渐渐地，我遗忘了学历的不足，开始追求能力的提升。踏入管理门槛，我曾经深夜拆解的对话逻辑，成为新人培养体系里的"筋骨"。职场如"复利游戏"，每一次努力都会在未来的某个时刻产生回报。漫长路上的缓慢沉淀生长，终将把所有的"不合适"打磨成"不可替代"。

我的职场进阶逻辑：从最初攥紧拳头"证明自己"，到舒展双臂"成就他人"。阅历沉淀为智慧，便懂得真正的高光时刻，不在于个人职级的攀升，而在于托举同伴成长，并肩前行的脚印才是丈量职业价值最温暖的标尺。

人生突围，不在于战胜具象对手，而是自我的较量，在时光长跑中，把所有的"不适合"都跑成"非你不可"。

03 跳出舒适圈，在未知领域重塑自我

2019年，当我第一次将软糯小生命抱入怀中，成为母亲的那一刻，自我的激烈冲突正开始。在母职与职场的夹缝中，我陷入对自我价值的迷茫，焦虑恍惚如潮水般将我淹没……

产科大夫那句"都是第一次，孩子第一次为人，你第一次为母，降低要求"，成为我觉醒的起点。我开启自我疗愈，在多重身份中寻找平衡与成长是我的目标。

生育后重返职场第一天，我异常地烦躁和恐慌，坐在办公桌前，指尖反复摩挲着鼠标边缘，目光一直盯着电脑屏幕，思绪很杂乱。29岁的我面临能力发展的"暂停"恐慌，常常担心无法平衡工作和生

活,也深刻体会到"能力圈萎缩定律"。挣扎中,强烈的学习欲望被唤醒,两个问题在我耳边萦绕:如何通过持续学习提升自我,以应对未来因年龄增长或职场变化而带来的挑战?如何实现有效的自我疗愈与心理调适,以适应不同时期角色的转变?

领导提议转岗培训管理,我面临艰难抉择,最终内心对自我突破的渴望战胜恐惧,接受转型。从零起步,我投身课程设计与团队赋能的学习,与自我怀疑和恐惧斗争。无数个夜晚,我熬夜打磨课件,只为呈现优质内容。面对学员反馈,我重新审视自己,勇敢挑战自我。成长的征途向来是孤独相伴。唯有专注地攥紧那属于自己的爬坡时光,方能前行。渐渐地,我践行了突破自我的节奏,慢慢让自己寻找到力量。职场妈妈或许也可以这么突破:

1.重视自我关爱:学会爱自己、取悦自己。先把自己填满,才能更从容地应对生活中的多重角色。可以通过冥想、阅读、运动等方式,为自己打造"能量补给站"。每天进行高能量打卡,如"我超级喜欢我自己,怎么样的我都可以"。

2.接纳成长节奏:允许自己在工作与育儿的双重挑战中"慢下来",以"渐进式进步"替代焦虑。摒弃"必须立刻完美"的苛责心态,接受每个阶段的自己,去成长,去改变,只要在进步就好,不必过于着急。

3.勇于尝试新领域:凭借作为妈妈的韧劲,勇敢尝试新领域,循序渐进地探索。

4.拓展社交与学习:多走出去接触新的学习内容,认识新的朋友,用社交与学习撬动成长杠杆。比如我参加AACTP培训管理师集训与认证，竟收获了长达两年在原岗位上都未曾触及的质的飞跃；我还加入弘丹老师年度写作营，通过输出倒逼输入，在文字记录中梳理学习和生活点滴，发掘了自身更多可能性。

5.成为成长型妈妈：践行成长理念，无论是在工作还是生活中都注重自我提升，让生活与工作互相滋养。如在弘丹老师的写作营中，我找到了成长的动力，借助写作的力量，我缓解了焦虑情绪，还能赋能团队小伙伴。

当多数人困在社会时钟里焦虑时，真正的勇者正在把每个年龄段的标签，都变成命运最慷慨的馈赠。成年人的自由很难，我们需要学会自洽，接纳内心的每一种情绪，在自我探索中找到人生节奏。

04 以热爱为刃，打破年龄焦虑的枷锁

35岁的时光像一捧流沙，担忧体检报告里出现新增的箭头，父母蹒跚的背影，女儿踮脚够书架时飞扬的发梢，这些都在提醒我：生命的沙漏正以肉眼可见的速度倾斜。

提起35岁，其实我也曾陷入焦虑，闺蜜投递简历半年未成功拿到offer，身边总有人感慨"年龄对职场的受限"，但与其被焦虑裹挟，不如选择用行动追求学习成长的自由，在持续学习中寻找职业自由的答案。

在书房阅读闲暇之余，女儿路过会偷瞄。"妈妈偶尔也可以当一下孩子呀！"女儿的话让我反思是否在成长路上过于紧绷，忘记了生活的本质。我开始放慢脚步，享受生活的小确幸，通勤听课，周末和女儿做手工，练习书法……

生活做减法，成长成加法。精简的不只是物质，更是对生命的排序，把热忱倾注在值得的人与事上，在热爱中重构价值。我在阅读和写作中学会以更从容的姿态，面对自己的35岁，这种成长是内心的丰盈与自足。

如今，我常常自嘲"一个另类的金融人士"。我是一位持续践行自我疗愈的行动者，更是一位痴迷于手作治愈的爱好者，而且我还热衷于读书写作，在弘丹老师2025年写作训练营中完成5万字创作输出，我惊喜地发现自己已悄然打破了社会对年龄和职业的刻板印象，通过跨界学习构建起了多维度的竞争力。

我是大海孕育长大的孩子，在成长路上，我始终怀着敬畏之心，感恩人生路途的遇见，感恩父母爱的托举，感恩从未放弃向上成长和改变的自己，裹着一股在命运裂隙中生长的勇气不断前进……

▶ 陈丹丹

改变的勇气，
是不忘初心的自我迭代

- 资深人力资源工作者
- 写作者和终身学习成长者

俗话说，人生如戏，戏如人生，我们既是自己剧中的主角，演绎着多彩斑斓的生活，又是戏外的观众，永远不知道编剧会在哪个节点给一个"惊喜"。

今年38岁的我，拿到的人生剧本是什么样的？

记得有一次，工作中遇到一点不顺心的事，和朋友聊天时随口提了一下，朋友安慰我："你都这个年纪了，又是两个孩子的妈，工作就那样做就行了，别想什么价值感、成就感了，混个日子得了！"

我听完愣了一下，条件反射般地反驳道：那怎么行呢！

那一瞬间，"混日子"这三个字仿佛一根针扎进了胸口，让我特别不舒服。我尝试像朋友说的这么想，但我发现，这让我的内心非常不安。

回想我38年的人生历程，从小镇做题家至今，没有哪一个阶段是混过来的，38年的人生，可以用"努力""认真"两个词来总结。

作为自己的人生主角，我在经历了多次的自我改变后，迭代出了最新版本的自己。

01 过去：从被迫出走，到修炼成"六边形女战士"

10年对一个人的影响有多大？

10年的时间，淬炼出了我最重要的身份标签——人力资源管理工作者，这个标签伴随着我一路前行，是我引以为荣的职业。然而，世事无常，谁能想到，10年之后，我从人力资源管理工作者，转变为复合型问题解决者、写作者、终身学习成长者,此外,我还是小儿推拿师和产后修复师、职场二孩宝妈,活脱脱一个"六边形女战士"!

这一路走来,既有激情,也有心酸。

大学毕业时,在金融风暴的冲击下,就业环境非常不好,为了避免陷入"一毕业就失业"的窘境,我毅然南下,在一家台资企业开启了我的人力资源管理生涯——从招聘开始,用3个月的时间从新手变成了处理问题轻车熟路的老手,和我一起入职的新同事们对我说:"你那么拼干什么,试用期加班又没钱!"我说:"我看中的可不是那点加班费,学到的本事才是最值钱的!"就这样,我收获了一年顶10年的经验。一年后,我返回武汉重新择业,顺利进入一家合资公司,一干就是9年。

2018年,是我步入职场的第10年,成长肉眼可见。那一年,在我期待职业生涯有进一步提升时,遭遇了职场的不公平,似乎也看到了职场天花板;那一年,切身感受了生老病死的痛楚和无能为力,开始反复思索工作、生活、生命的价值,以及人生的意义;那一年,熟悉的团队被调整得面目全非,工作的热情被消耗得所剩无几。面对这一切,内心深处有一个声音在呐喊:我要离开这里。

离开简单,去哪里却不简单。我能做什么?还是同样的工作再重复10年吗?在经历了这一连串的"打击"后,我极度想要改变生活和工作的方式,在其他的领域探索新的人生价值。彼时的我,孩子刚刚两岁,在育儿的过程中发现了母婴市场的商机,经过多方面的考察,我决定躬身入局。我毅然辞去了熟悉的工作,离开了朝九晚五的舒适圈,从零开始,从头再来,去北京学习产后康复技术,去上海学习小儿推拿。几个月后，我创办了自己的工作室，在武汉产后康复市场还处在萌芽的阶段，成为这一行业的先行者。

从零开始创业的过程自然是辛苦的，每天像打了鸡血一样斗志昂扬，虽然累，却成就感满满——在新的领域里，我见证了许多和我一样的年轻妈妈的改变，解决了一个又一个母婴喂养的难题。记得有一天凌晨两点，我收到一条求助信息：一位新手爸爸不知道怎么应对晚上哭闹的孩子，我耐心地分享心得和方法，他一步一步照做，终于哄睡了孩子。我们收到的好评和感谢越来越多，我也在这个过程中迎来了二宝。

就在我感觉一切都会越来越好时，疫情来袭，我们正处在漩涡的中心，我们的客户在特殊时期属于重点保护人群，寒冬过后，重创之下，步履维艰，竭力支撑了一年多后，我选择了止损。

这一次改变，以火热开启，以闭店告终，但我并没有感到创业失败后的落寞。这一段经历中，我从人力资源工作者，成长为一名复合型问题解决者——管理员工，维护客户，运营店铺，这些事培养了我的销售思维、经营思路，以及危机处理的能力，我能从容面对复杂的状况，在压力面前更有韧劲儿。

工作室关闭后，我再一次寻找新的方向。有了创业期间的磨炼，这一次，我选择全方位突破自我。在工作上，我争取到一家公司部门负责人的职位，新公司总经理对我的能力十分认可，在一次中层管理会议上，他对公司另一个部门的负责人说："我发现自从陈丹丹来了以后，你也变得很强了，看来你这是遇强则强啊！"我的加入，带动了公司管理团队的积极性，我也成为老板心中的核心员工；业余时间里，我参加线上线下的读书会、写作训练营，坚持运动，坚持分享美好，我的内心充盈且有力量；在家庭和亲子关系中，随着孩子们越长越大，需要面临和处理的问题也越来越多，我不断学习，不断探索，不断实践，努力让家人和孩子们感知到幸福。

全方位蜕变之后，掌握更多技能的我，重新规划起自己的职业生涯。我更加看重在一个领域深耕的价值，抱着这种态度，我到一家前景十分好的新兴公司就职，我相信，下一个10年，这棵大树上，一定能开出一朵属于自己的灿烂之花！

02 现在：跌跌撞撞中，那份从未改变的初心

古诗云：千磨万击还坚劲，任尔东西南北风。

人到中年，历经生活的酸甜苦辣、职场的跌宕起伏后，我很庆幸，我没有迷失，更没有放弃自己，我依然是那个积极认真、心存善念、充满正能量、相信美好的人。

我出生于一个普通家庭，是兄弟姐妹中的老大，父母为了养活我们，几乎很少管我们的学习，一切全靠自觉和遇到好的机会。上小学时，我跳级摘冠考入初中，一鸣惊人考入省重点高中，随后进入211大学读本科，大学里学习成绩优秀、社团活动丰富，课余还做兼职、参加社会实践、修双学位，直到大学毕业，找到一份专业对口的工作……我从来都相信，在没有背景、没有资源的情况下，认真和努力才是日后成功的基石。

步入职场，在熟悉的人力资源领域，我也毫不懈怠，坚持学习、不断给自己充电，每当有与劳动人事有关的新政策出台，我都认真地

研读和学习，并运用到工作中，身边的人遇到劳动人事方面的问题，总能想到咨询我；而能给他人提供帮助，也让我体会到这份工作带给我的价值。即便是后来转行创业，在全新的领域，凡是知道我在做什么的人，遇到相关的问题仍然会请我提供"专业意见"，我想，这是基于大家对我的了解——无论我在哪个行业、哪个岗位，我对人对事的认真、负责态度，我的钻研精神，我内心的善良，都让人感到可信和安心。

生活中没有十全十美的人，我们可以不漂亮，但要身心健康；我们可以不完美，但要有追求；我们可以经历一次次失败，但要敢于走出困境。

我经历过考研失败、留汉（武汉——编者注）就业失败、创业失败，家庭关系也一度崩溃……

面对逆境，我是怎么做的呢？

每一次陷入低谷，我在度过短暂的情绪应激状态后，都会主动寻找突破的路径：考研失败，我就踏踏实实就业，用三年工作经验追赶研究生在学历上的优势；留汉就业失败，我决定先到沿海工作一年，获得一年顶10年的能力后，回到武汉顺利找到了合适的工作；创业失败，我凭借这一段经历锻炼出的处理问题的能力，在职场获得了新的定位、更高的职级、更全面的历练；家庭关系崩溃，我正视问题，主动进行各种学习，改善亲密关系、亲子关系，内求于心，外合于道，自己在获得释然的同时，家庭氛围也更加和谐。

这一切，都让我坚信：人生没有白走的路，不管是顺境还是逆境，都要认认真真走好每一步；哪怕跌倒了，重新站起来的时候，也可以稳稳当当地继续前行。我很喜欢的跨界漫画家小林老师有这样一句话:"别人爬到山顶很厉害,但你从深渊爬到地面,一样也很厉害。"生活从来不是一帆风顺的,但是再怎么糟糕,只要坚持初心,美好的未来一直都在!

03 未来:乾坤未定,你我皆是黑马;全力以赴,成败皆是财富

没有谁的人生是一成不变的,宇宙的真理也告诉我们,此刻和下一刻,哪怕是当下的这一刻,都在发生着改变。

有的人选择安稳,有的人选择挑战;有的人被迫困在牢笼,有的人无奈仗剑天涯。无论是哪一种境况,都只是暂时的处境,谁也不知道明天迎接我们的会是什么惊喜。

在就业市场上,女性过了35岁,就是一道坎。"家庭和事业怎么平衡?"这个问题,永远是挡在女性面前必须突破的一面墙。新公司跟我谈offer时说,一般这个岗位要求是35岁以下。我超出标准,且有两次6个月以上的职场空窗期,但他们依然选择了我。

我是怎么跳出这个怪圈的呢?

过往的沉淀给了我底气。在前后5次的沟通中,我没有想过所有可能出现的卡点,没有设想过成功或者失败的结果,而是全情投入和面试官的交流当中。不管是专业方面的问题,还是素质能力方面的问题,过往的每一份经历,都成了我应对这些问题的答案,我能有理有据地、坦率且坚定地应答。

积极的心态让我闪闪发光。不同的面试官都会问我对自己的评

价，我不假思索地就说出了"认真到极致""主动给自己做的每一件事寻找价值感，从而保持动力"。工作中的我是这样，生活中的我也是这样，所以说出来毫无违和感。这种积极的状态，让面试官不知不觉忽略了我的年龄问题。

对"自我"的清醒认知让我与众不同。从复合路线到专业路线，我的"降维选择"让许多人不理解，甚至怀疑我的动机，但这是我最真实的想法，是我深思熟虑后做出的决定。我真诚袒露心迹，最终打消了面试官的疑虑，拿到最终的"通关文牒"。

未来，不管是工作还是生活，无法预料的事还有很多。38岁的我笃定：我不会杞人忧天，我会全力以赴做好眼前的每一件事，让自己走的每一步都熠熠生辉，这些将是我人生最大的一笔财富。

我们每个人都有属于自己的人生剧本，不管拿到的初稿是什么样，我们都应该有勇气一边演绎精彩的故事，一边创造新的剧情。

有勇气改变自己，才有机会改变命运，才能从容应对人生百态！

林简芯

爱不是用力，勇气也无需完美

- 个人成长教练、关系教练
- ICF（国际教练联合会）专业认证教练认证中
- 阅读写作爱好者，享受活到老学到老的人生
- 智慧父母践行者，陪孩子终身成长

我是一位80后职场妈妈,经历着很多人同样要面对的家庭教育、中年职业发展等重要人生课题。回顾这3年的成长蜕变,从把育儿当成KPI考核,到学会用教练思维重建亲子关系;从紧盯分数的虎妈,到陪孩子探索艺术梦想的同行者,这段旅程教会我最重要的事——真正的成长,是父母先迸发出改变的勇气。

01 我的爱,无力又笨拙

所有改变都始于直面真相的勇气。当我终于承认"爱也会成为枷锁",才真正推开了自我重塑的大门。

从女儿出生那一刻起,我就下定决心要成为一个好妈妈,让她健康快乐,拥有成功幸福的人生。女儿小时候一切安好,身体很健康。那时候我们对她的爱是纯粹的爱,没有功利和攀比心,也没有期待和不满。进入小学后,学习成为家里最重要的事。我把自己全副武装起来,生怕因懈怠耽误孩子。平日里亲自辅导作业,周末则带着孩子穿梭在各个补习班中。女儿低年级的时候,我每一次用力,都能换来她分数上的进步,似乎一切都在掌控之中。但上初中以后,我越来越感到力不从心,女儿对补习班开始抗拒。

不知从何时开始,我和女儿之间的对话只有学习了;曾经百般可爱的孩子,如今满身都是毛病;家里也没有了简单轻松的欢笑声。曾经纯粹的爱,已被指责和批评遮蔽,我也被焦虑、无助压得喘不过气来。

乔希·西普在《解码青春期》中写道:"每个孩子距离成功,只差一个有爱心的成年人。"和大多数家长一样,我确信自己是爱孩子的。但问题是,什么才是真正的"有爱"?我很困惑,因为我的爱看起来无力又笨拙。

所幸,我一直没有停止学习。我知道,只要感到痛苦,一定是哪里出错了。挫败感提醒我,我应该寻找解决方法,做出改变。我阅读大量书籍,学习心理学、生涯规划课程,懂得了关于人类发展的很多知识。但真正让我产生本质变化的,是教练的学习体验。从3年前走进教练课堂开始,一个自我探索、改变的深度成长之旅在我的生命中展开。

在教练课堂的镜照中,我触摸到最疼痛的真相:所谓"好妈妈"的完美人设,不过是掩饰自我价值焦虑的面具。承认这一点需要勇气,但正是这份坦诚,让我开启了人生最重要的课题——成为真正"有爱"的妈妈,从改造孩子转向重建自己。

02 放手的勇气,来自接纳不完美

我曾有个执念,认为女儿的成绩理应优异,毕竟父母的学习基因不差,身边也有很多别人家的学霸。有了高标准的比较,预期之外的结果都会令我焦虑。这意味着,我给自己和女儿的空间,只在这个完美标准之内。

在一次次教练对话探索中,我看到不曾留意的想法、信念如何让自己裹足不前;也看到头脑的评判,如何隔离内心真实的感受。教练思维教我用正向、好奇、开放的眼光,去看到事情的更多方面和可能性；我也在一次次觉察中，修正自己的信念和状态，用小行动做出改变。

女儿初三时，家教老师跟我反馈，孩子学习状态不太好，作业进度总跟不上，希望我能监督她的课后练习。还告诉我说，其他学生多么厉害，提醒我女儿与别人存在的差距。女儿缩在一旁，听着老师的点评，显得不知所措。我笑着点头应和，心里其实已经翻江倒海。

第二天我约了莫斐老师做教练，她让我分别从自己、家教老师和孩子的视角去观察和感受，看看会有什么不同，然后抽离出来，看到我们整体发生了什么。感知不同的位置后，我发现自己复杂的情绪中，除了生气，还有深深的委屈。

有个声音在说："做作业的人不是我，要考试的人也不是我，为什么要对我说这些啊？当事人不是站在旁边吗？"当委屈的感受被看见时，我的眼泪流了下来。

教练问我："去问问你的心，我们聊这个话题，你最想收获的是什么？"

我沉默片刻后回答："我需要的是对自己的肯定和认可。"

教练接着说："是的，你已经做得很好了，是个很棒的妈妈！去看到发生的一切，你会怎么肯定自己呢？"我将做到的事列在纸上，看到自己那么多闪光点，内心也渐渐平静下来。

情绪消散后，心才是清明的。我看到家教老师在尽心尽责，关心学生的成绩；女儿牺牲周末的赖床时间补课，已经在切实努力，她们都在当下做了能做到的。看似不完美的情境背后，这些积极正向的画面一个个涌现出来，我问自己："我该放下的是什么？"

学习的主体是孩子，我该放下自以为是的控制，把主动权交还给她；生活就像万花筒，我该放下自己的执念，从多视角去观察身边的人和事，发现更多新奇与美好。

初三寒假，我决定让女儿暂时放下学习，参加教练思维训练营。这是女儿第一次独自乘坐飞机去外地，之后又飞到云南与家人会合。回来后，在地图上标出自己飞过的大片区域，她自豪地配图发了圈："我太牛了吧！"

看到她朋友圈的那个瞬间，我突然意识到，原来放手比掌控更需要勇气，它要求我们直面失控的恐惧，相信生命自有其韧性。父母的勇气，就是成为孩子展翅时的风，而不是拴住风筝的线。

而我的勇气，来源于看清不完美背后五彩斑斓的真相。

接纳不完美不是无奈的妥协，而是跳出自我设限的完美假象，看到更多成长的空间和可能性；放手不是消极的退让，而是允许自己、允许孩子，在这开阔缤纷的世界，体验更鲜活的生命。

03 爱自己，才有力量托举孩子

回到前文提到的问题："什么才是真正的有爱？"我认为真正有勇气、有力量的爱，是爱自己，向内生长。

女儿从小喜欢画画，老师们都说她很有天赋，要好好培养。中考之前，女儿提出想要出国读艺术院校，我非常想支持她，但是担忧还是不期而至。"回国以后不好就业怎么办？""以后万一后悔了怎么办？"诸如此类的担忧一个接一个，收集的信息越多，越是思绪万千。

我问女儿："对于选择读艺术，1分到10分，你的确信度有几分？"

学习教练之后，我们习惯用这种开放式的提问方式交流。她回答说8分吧，我接着问："那8分的确信具体是什么？""因为喜欢，也比较擅长，所以有信心学好！"她回答时眼里带着光："未来总会有不确定，8分也足以做当下的选择了。"

多么有智慧的回答啊，孩子其实比父母更有能量，因为他们简单、纯粹，没有那么复杂的心思。听到女儿的回答，我问了自己一个问题："如果这是她的决定，那么我想成为一个怎样的妈妈？"最艰难的勇气投资，是把能量收回自身。

"我要成为一个有力量托举孩子的妈妈！"我坚定地回答。

"那股力量来自哪里？"

"来自真正爱自己，活成最好的样子，成为孩子的榜样！"

爱自己总归像一句口号，要怎么做才是爱自己？人生其实有很多重要维度，比如身体健康、学习成长、职业发展、财富、人际关系、价值观、休闲娱乐、创造力等。我们很容易把精力只放在孩子身上，忽略生命整体的平衡状态。

根据自己的喜好和目标，选择8—10个重要事项，放进圆形平衡轮中，轮子的轴心就是"爱自己"。对每个维度的满意度打分，就会看到自己的生命状态。要想知道有没有爱自己，几个月或者一年画一次人生平衡轮，这是个很不错的检视方法。神奇的是，当你明确要对满意度进行调整，改变就真的会发生。

人生有不同阶段，过去在意的事已放下或完成，新的目标又会接连出现。但只要围绕"爱自己"这个轴心，拓展生命多方面的满意度，就会获得整体的幸福感。2025年我的平衡轮中删除了"娱乐""孩子学习",增加了"畅销书作者"和"教练事业"。不是"娱乐"不重要,而是我已学会取悦自己,变得更松弛了;"孩子学习"也已交还到女儿自己的人生平衡轮中;而写这篇文章,是"成为作者"的一小步行动。

在平衡轮缓缓转动时,我看见勇气最深邃的模样——它是突破舒适区的果敢,更是滋养生命土壤的温柔坚持。当我终于把"妈妈"这个角色放回恰当位置,奇迹发生了:绽放的自己,成了孩子最好的成长养料。

3年教练之旅教会我最珍贵的公式:勇气=1%的顿悟+99%的践行。每个深夜的教练笔记,每次对话前的深呼吸,每回想说教时的自我觉察,这些微小的勇气片段,最终堆叠出生命的质变。

如今站在亲子关系的崭新海岸,我依然会为女儿的成长潮汐心跳加速。不同的是,我已学会在勇气的灯塔里安住——这里没有完美妈妈的虚妄,只有持续进化的真实;这里不承诺风平浪静,但永远提供停歇补给后能再次起航的港湾。

"昨日我自诩聪慧,欲改天换地;今朝得窥智慧,转而重塑自身!"对此,我会心一笑,这说的不正是我嘛?如果你对此也有共鸣,请记住,无论境况看起来多么糟糕,永远聚焦正向的礼物,带着勇气和爱,一步步用小行动去改变,我们终将成为完整的自己。

相信蜕变在发生,而且会持续到未来!

管奇

以改变之名，绽放生命之光

职业培训师，畅销书作家
国家高级培训咨询师，中国培训师研究院副院长
《人力资源从新手到高手》《激活人才》《高效管理法则》《共情领导力》
等8本畅销书作者
为1000余家企业提供过服务，培训过8万余名学员

人生如长河，行动是标配，改变是策略，勇气是灵魂。改变世界的从来不是完美的计划，而是不完美的开始。改变自我不需要完成的计划，而是要求我们敢于直面真实的自我认知、突破舒适区的决心，以及在不确定中坚持前行的韧性。人的一生将面临层层困境，也会面临许多的选择，只有充分认知自己，善于改变，勇于行动，才能真正抵达成功的山顶，去触摸那壮阔的山川、璀璨的星河和绮丽的风景。

人生不过是一场体验，失败了可以再来，成功不过是一时的停留。人生更像一艘远航的轮船，当遇到风暴导致偏离方向时，需要我们及时改变风帆、采取行动，以坚定的信念航行，最终到达向往的目的地。

01 寻求改变，成为最好的自己

不用羡慕鲜花的艳丽，也不用羡慕参天树木的高大，每个人都有着独特的价值，都能成为最好的自己。梭罗在《瓦尔登湖》中说道："人的终极任务，是听见自己内在的鼓点并随之起舞。"托尔金在《魔戒》中也说过："参天大树的种子，最初都藏在不起眼的果核里。"

我出生在农村，父母是地道的农民。小学时我是一个喜欢玩且淘气的孩子，学习成绩也较差。这也许是男孩的天性，为此小时候没少受父母的打骂。初生后因为一个突然的打击，收敛心性，开始不断勤奋学习，一鼓作气考进了高手云集的省重点高中：一中。记得刚考进一中的时候我是班上第30名，第一学期期中考试时我却跃居到班级第2名，刚开始班主任还不相信，因为考试时我坐在第1名旁边，班主任以为我是抄的。到第一学期期末考试时我考到了班级第1名，全校第10名，这时班主任才彻底相信我是自己考的，为此我还被选为了班长。不幸的是，到了高三时由于体弱、长期营养不良，休假养病了2个月导致高考失利，只考了一个普通的本科院校，而跟我以前差不多成绩的同学好多都考进了名牌大学，这使我一度陷入了自卑与负面情绪中。

进入大学后，从农村进入到大城市，我更加感觉到自卑与封闭。由于家庭原因，生活费相当拮据，当同学周末出去玩时，我自己却躲在宿舍看书与写作，但看书与写作让我进入了一片精神的自由领地，让我有了新的认知。海明威在《老人与海》一书中说道："人不是为失败而生，人可以被毁灭，但不是被打败。"道格拉斯·马洛奇在《做最好的自己》一书中说道："若你无法成为山巅的劲松，就做谷中的灌木，但要做溪边最好的灌木。"尼采也说道："每一个不曾起舞的日子，都是对生命的辜负。"他们的话语和故事，都直指人生要义，激励着我勇敢地去改变自己。后来，我参加了学校很多的学生社团，先后担任了校文学社副主编、学生会主席等职，大大锻炼了我的综合素养与人际交往能力。同时，由于我笔耕不辍，大学时在各大报刊发表了不少文章，在文学方面也小有名气，获得"全国百强青年诗人""校园作家"等称号。

回过头来看看自己的学生岁月，是在迷茫中不断寻找自我的过程，更是在不断努力改变，成为最好的自己的过程。成功的定义不止一种，努力奔跑是最美的姿态。

02 勇于突破，打造更多的可能

毕业后我在一家电视台当见习记者，后来进入一家民办大学教书，在学校任教先后担当过辅导员、专职教师，这是我人生中最美好的时光之一，当见证自己的学生毕业后走向天南海北，有着不错的成就时，我想这是作为老师最幸福的事情。在大学任教8年后，由于当时学校招生不理想，我从原来的学校离职去了企业从事人力资源管理工作。在企业担当管理者后，我开始理解企业的运作规律与人际关系的复杂，企业老板重视的永远是营销与利润，自然生产与营销部门是老板最重视的部门，而人力资源好像是一个无足轻重的部门，为此，我的心里多少有些失落与抱怨感。后来一个人力资源的前辈告诫我说："人力资源经理人要学会像老板一样思考，要从经营的视角来做管理，而不是从专业的角度来推进工作。"自此我广泛开展管理、人力资源方面书籍的阅读，多与行业大咖及专家交流，自己在人力资源与管理领域不断精进。后来被猎头猎聘辗转进了几家不同领域的头部企业从事管理工作，让我了解到大企业与小企业的经营有着截然不同的方法，大大丰富了我的管理经验。2015年开始与行业大咖合写的我人生第一本专著《人力资源管理从新手到高手》出版后，却不想一度成为畅销书（畅销了13万册）。

"只有那些冒险走远路的人，才可能发现自己能走多远。"2016年尝试突破离开了多年的企业，开始与朋友创办了一个培训咨询公司，不幸的是经营2年一直处于亏本状态，而幸运的是这2年的历练把我逼成了一个商业培训师，开始进入企业进行商业授课。2018年我关闭了公司，开始转型做一名商业讲师，成为一个孤独的"传道者"。在这期间我不断参加学习，不断输出，尝试多种角色，成为一名斜杠青年：商业培训师、咨询师、畅销书作家、沙盘开发专家。先后出版了8本专著，也结识了一批行业大咖。

村上春树说："墙之所以存在，是为了让人证明自己多么渴望墙那边的世界。"人生要敢于突破，敢于尝试，你的人生才能更加精彩。

03 学会体验，丰富生命的意义

在从事商业讲师的期间，由于长期身体透支，加上熬夜、生活不规律，2024年我生了一场大病。在北京住院的那段日子，我很失落。在住院期间，爱人的陪伴与鼓励，让我重新燃起生命的希望，也让我重新审视生命的意义。曾经我一度认为工作与自我价值实现是生命的意义，也曾认为"持续努力才能走向更高的成功点"。直到我多次考问：人生的意义究竟是什么？我从书籍中、人群中去搜集答案，让我意识到工作仅是人生修行的道场，而健康才是人生最重要的东西，没有了健康其他都是一场空。《易经》云："一阴一阳谓之道"，人生应是阴阳平衡，工作仅是人生的一部分，还要照顾到健康与家庭。

佛家说人生无常，人生的意义不在于寻找某个答案，而在于通过觉醒的双眼，看见答案早已在提问的过程中显现。道家说人生无为，道法自然，正如明代画家石涛所言："纵使笔不笔，墨不墨，画不画，自有我在。"人生的终极意义，或许就藏在"不知周之梦为胡蝶与，胡蝶之梦为周与"的物化体验中——当主体与客体的界限消融时，追问本身已化作天地大美的组成部分。

也有人说："人生其实没有意义，人生只是一场体验，一场旅程。"既然如此，我们要学会丰富自己人生的意义，把每个当下过好，完美人生的过程而非追求结果，因上努力，果上随缘。

泰戈尔说"当鸟翼系上黄金，它便永远不能翱翔"，有太多的人被名利束缚，而忘记做回真正的自我，缺乏对自我的关怀。

荣格说："成为他人期待的样子是本能，成为自己才是革命。"人生之路何其漫长，在路上，需要我们以勇气为铠甲，以改变之名来绽放人生之光，用行动来劈山开路。萨特在《存在与虚无》中揭示："人生如同未被预先编写剧本的即兴演出，每个改变都在创造意义。"每一次挑战都是成长的机遇，每一次改变都是人生体验的一部分，成败不重要，我们的人生体验才是最重要的。人生这场体验的本质，恰如博尔赫斯《小径分叉的花园》所隐喻：每个选择都创造平行宇宙，而真正的智慧在于理解——重要的不是体验的数量，而是体验的深度；不是掌控所有剧情，而是清醒觉知自己正在出演；当你能在洗碗时听见水流声中的宇宙交响，在失败里触摸到生命弹性的质感，这场体验便已抵达它的圆满。

予一

33岁,我选择再走写作跃迁之路

- 咨询工程师
- 中级经济师
- 二孩妈妈
- 持续学习者

小时候，我曾在作文本上描写了一幅未来微缩城市的场景，却被老师批评为"不切实际"。那时的我，像被浇灭的火苗，把写作梦锁进抽屉。直到今天，我才明白：真正的勇气不是规避打击，而是用笔尖一次次点燃灰烬。写作是一场漫长的马拉松，它需要的不仅是灵感的火花，更是持续学习与行动的火焰。在这条路上，我跌跌撞撞，却也收获了成长的馈赠。

01 科幻梦想的第一次折翼

四年级那年，我的《未来城市》作文得了全班最低分。老师用红笔批注："想象力过度，逻辑混乱。"当晚，我把自己锁在房间里，撕碎了那张满是红叉的作文纸。碎片在空中飞舞，如同我破碎的梦想。我发誓再也不碰科幻作文，觉得自己的想象力与现实是那么格格不入。

那一年暑假，父亲在我的作文本上写满了批语。平日里繁忙的父亲耐着性子将我的作文改了一遍又一遍，他的钢笔尖在纸上划出一道道痕迹，像是在为我的梦想缝补伤口。他鼓励垂头丧气的我说："写作是记录生活的灵感，而不是迎合别人的期待。"父亲的话如同一束微光，穿透了我内心的黑暗。

后来，我写了一篇《如此赠品》的参赛作文，灵感来源于一次去商场购买电视的经历。我以被"调包"的赠品为背景，讽刺了商家的不诚信行为。父亲帮我修改了结尾，让它更具深意。没想到，这篇作文获得了当地小学生作文大赛一等奖。获奖名单被登在报纸上，我看到父亲拿着那张报纸骄傲地展示给邻居们看,那是我第一次感受到文字的重量,仿佛自己微小的声音也能被世界听见。

但学校的老师依然不看好我的"异想天开"。五年级时,我的作文《我的奶奶》再次被批评,甚至被当作反面教材在班上朗读。那一刻,我的脸烧得发烫,像是被当众剥光了衣服。回家后,我把所有作文纸塞进床底,告诉自己:"写作是浪费时间。"我试图将写作的梦想深埋,可心底却有个声音在挣扎。

父亲没有多劝我,只是每天晚上,在我做作业时,他会在我的书桌前默默地站一会儿,什么也不说。那每晚短暂的陪伴是一种无声的鼓励,让我感到宽慰。有一天,他在我的书桌上留下一张纸条:"每个伟大的作家都曾被误解,但他们的文字从未停止飞翔。"那张纸条被我悄悄压在玻璃板下,成了我心底的秘密火种。

02 满分作文让我重新找回自信

七年级时,老师布置了一个以描写日落为主题的作文。放学后,父亲带着我去登了山。我们坐在山顶的凉亭里沉浸地观看了一次日落景观。那一天,夕阳褪去了光芒,我黯淡的写作灵感却愈加生动起来。

后来,父亲给我订了《青年文摘》。我开始偷偷临摹散文的句式,在自习课上写散文。有一次,我在作文中加了几句模仿杂志文章风格的排比句,描述秋天叶子的凋落像风和树的告别。

那篇题为《仰望星空》的作文奇迹般地得到了满分。老师当堂念了我的文章,教室里安静得能听见呼吸声。那篇作文也被同学们相互传阅，有人在页边写下了"文字像会跳舞的星星"这样的评语。从那以后，我的作文成绩开始突飞猛进。

老师开始让我在班上分享写作经验，我讲了如何从生活中捕捉灵感，如何用比喻让文字更有画面感。同学们用敬佩的眼神看着我，那一刻，我第一次意识到，原来写作不仅仅是"异想天开"，它是一种可以被认可、被欣赏的能力。我开始重新审视写作，它不再是那个让我受伤的怪物，而是我表达心境的窗口。

但真正的转折点发生在那年夏天。语文老师鼓励我参加了一个迎奥运作文比赛。我写的《为奥运喝彩》的作文获得了全国一等奖。奖状是我们学校的副校长颁给我的，那一刻，我意识到，天赋只是起点，持续学习才是通往星辰大海的航船。我开始明白，写作是一场马拉松，每一次练习都是在为未来的突破积蓄力量。

比赛结束后，我感到写作从来都不是文字的堆砌，它可以是作者灵感的迸发，情感的传递，精神的侧写。我开始明白，写作是一种与世界对话的方式，而不仅仅是自我表达的工具。我试着将自己的情感融入文字，让它们成为我与读者之间的桥梁。

03 病床里的文字让写作成为救赎

30岁时，我因病需要卧床休养半年。住院期间，为了转移身体上的不适，我在床上读起了悬疑小说。浸满碘伏的棉球让我的疼痛神经无比抗拒，书中那些曲折的情节却让我暂时忘记了病痛，但真正让我重新拿起笔的，是一次偶然的对话。

病房里住进了一位和蔼的阿姨，她因为癌症需要做手术。每天，她和老伴都会很温馨地聊天。有一天，她看到我在看小说，便笑着说："你这么喜欢书，为什么不试试创作呢？"她的话让我愣住了。那天晚上，我开始在笔记本上写下《病痛日志》，把当前我的痛苦情绪和对康复的向往作为灵感来源，不断地敲击起键盘。邻床积极战胜病魔的阿姨和大妈，还有照顾他们的叔叔和大爷都成了我文章的主人公。

病床上的日子是孤独的，但写作成了我的镇痛剂。每天清晨，当第一缕阳光透过窗帘缝隙照进来时，我都会在笔记本上写下当天的感受。有的网友会在我的作品下留言，他们会关心我的病情，鼓励我走出情绪的阴霾，我深深地体会到，那些文字不仅是我的情绪出口，更是我与外界连接的桥梁。

出院后，我就忙于工作和家庭生活了，那些文字就像无人照料的花，渐渐淹没在每日奔波之中。

04 33岁重启写作梦想

做了母亲后，我总在梦里看见小时候蒙了尘的作文本。每天朝九晚五的生活让我感到无措，虽然工资不低，但我总觉得少了点什么。直到有一天，我回娘家取物品，无意中在抽屉里翻到了我中学时期的作文本，原来我的作品都被母亲悄悄地珍藏了起来。那天梦里，我再次看到那篇《未来城市》，那个女孩依旧是不服输的表情，醒来后，我决定做出改变。

2024年的年底，我通过看书结识了弘丹老师。她在直播间里讲述了自己的成长故事，那些关于如何从零开始写作、如何克服自我怀疑的经历让我深受触动。我那被忽略的写作梦似乎又一次点燃了，我果断报名了弘丹写作年度训练营。

在训练营里,我遇到了一群热爱写作、热爱阅读、热爱充实自己的小伙伴。我们互相分享写作心得,互相鼓励。我运用弘丹老师教授的方法,尝试着做了两次领读分享,获得了社群小伙伴的好评。一次是《终身成长》,这本书让我转换自己的思维方式,用积极的态度面对人生中那些可有可无的标签。另一次是《财富自由之路》,这本书告诉我其实每个人面前摆着很多机会,但很多人选择视而不见,我觉得我还年轻,可以试着去穿越一次思想的迷雾。

随着阅读量的不断增加,我的视野逐渐开阔起来,渐渐对书本的内容和生活所见产生了很多感想。我惊讶地发现,生活中可以写的素材其实俯拾皆是:每天送孩子上学的路上,能看到满眼殷切送孙儿上学的老人,他们目光里满是慈爱与期待;推着轮椅去晒太阳的人们,脸上洋溢着对生活的满足与惬意;边骑车边趁红灯间隙吃两口早饭的中学生,匆忙的身影里透着青春的活力;在河边抓拍天鹅的摄影爱好者,其专注的神情仿佛整个世界都融入了他的镜头……这些平凡却又充满温度的画面,一点点填充着我的写作素材库。

写作就像给我戴上了一副神奇的眼镜,让我看到了生活中那些他人身上曾经被忽视的美好。在通勤路上被人加塞的时候,我也不会像以前那样暴跳如雷了,音响里播放的听书音频,那舒缓的声音如同涓涓细流,慢慢抚平了我的急躁情绪。有时候生活中的小意外也别有一番乐趣,就像今天早上,我们比平时出门晚了10分钟,但孩子们居然比平常到校时间早了5分钟。生活呀,本就充满了这种意想不到的小惊喜,早一点晚一点又有何妨呢?

每天的车流就像人生前行之路，熙熙攘攘，却也有序前行。我逐渐明白，会说话的人就会写作，每个人都有与生俱来的写作天赋，都有表达自我的强烈欲望。现在，我开始真正享受写作，用笔尖记录下生活中的点点滴滴，无论是快乐还是痛苦，这都是人生不可或缺的一部分。

因此，当得知有机会出版书籍时，我毫不犹豫地报名了。当我开始构思自己的文稿时，我才发现自己原来也有很多闪光点。那些被我遗忘的童年故事、那些在病床上写下的日志、那些作为母亲的感悟，都成了我笔下的素材。我的生命普通中带着不平凡，而写作让我看到了这些不平凡。

写作教会我的不仅是表达，更是一种面对生活的方式。它让我学会在黑暗中寻找光，在挫折中找到意义。更重要的是，它让我明白：勇气不是没有恐惧，而是即使害怕，依然选择迈出第一步。如果你也在寻找改变的勇气，不妨从今天开始，拿起笔，写下你的第一个字。它可能不完美，甚至会被批评，但它是你通往星辰大海的第一步。记住，持续学习是成功的关键，而行动是点燃梦想的唯一火焰。在这条写作之路上，我们都是追梦人，用笔尖点亮梦想，让文字照亮前行的方向，你会看到另一种人生跃迁的可能。

 圆方

人生就是走自己的路，
看自己的风景

● 喜欢阅读、画画、中医

从小到大，对我来说有朋友玩是最重要的，学习好坏并没放在心上。

20岁走上社会，在银行工作，生活的严峻让我意识到自己必须努力，于是通过考试证明自己，先是经济师，后是会计师，这两次考试坚定了我的信心，觉得自己智力及毅力都还行，这也是到现在为止最让我自豪的事。接下来的人生中似乎再没碰上觉得自己还行的事了。

01 30岁创业，在工作和生活中寻找平衡

2000年1月份，刚过30岁的我和朋友小H去北京，在西单商场，走出门时，她顺手拿起一张报纸，回到酒店，我看了起来，是全国连锁正版软件。我心中一动，决定去看看，因为这时妹妹正在家养病，爸爸同意我们开一个店，之前在我家对面有个软件店，是盗版的，我还买回几张看了看什么是软件。于是，小H和我去找这家公司。它在人大附近一家写字楼的一层，好多人在格子间里办公。部门经理接待了我们，他很热情地给我们介绍公司的情况。了解了大概情况后，我决定在他这里采购。回家以后，正好快过年了，我开始申请当地的软件专卖店，心情很迫切。过完年审批通过了，我就从银行离职了，因为我觉得两件事同时做，哪个也做不好，只能选一个。我开始着手租店面，在二中对面的小区里找了一个门店，不算大，只有40平方米左右，是新的，装修、做门脸，这一切对我而言都是那么新鲜。我去北京进货，看着一张张包装正规的光盘很激动。我开始做传单，上二中

去发单子，很快就有二中学生来买。后来，只要放学就有学生来问新上市的软件，这时我才知道游戏软件是什么。

2003年，一家管理软件的厂家给我打电话，因为20多岁时学过会计，所以对管理软件很感兴趣，我就决定做这个。但首先得自己学软件，每个功能都怎么用，软件的不同之处，哪个环节卡住一点不能通过，我都不停地问厂家，厂家的售后好坏也体现出来了。我买市场营销的书，把框架写下来，顺着一条条街，到店面搜集资料，回来就开始打陌生电话。因为都是没做过的事，需要勇气和挑战，我带头做这些事，自己不知怎么做，不可能让别人做的。每次我从外面回来，都和公司的人说：跑客户太有意思了，这样他们也会很高兴地去发资料，回来再打电话。开始第一遍电话打完了，就不知下面该干什么了，问我我也不知道。我就打第二遍电话，知道有重点客户，再给重点客户重复打电话，慢慢找到节奏，知道多长时间打一次最合适。有一次有个行业会议，厂家让我们去发资料，资料准备得很全，装在一个塑料文件袋里，会议结束的时候给每个人发一份。很快一个客户来公司，我们给他演示了一遍，他就买了。我们帮他去安装，后来他没有用，因为他不会用，我们就去他的店里教会他，让他用了起来，这时我才知道销售软件的全过程，还包括售后和培训。

2005年过完年，我一时来了灵感，在市中心做了个大大的广告牌。开始字小，也没人看到，后来换了大大的字，产品名称占据整个版面，颜色也特别醒目，这回经过的人都看到了，有顾客来买，软件市场就真正启动了。公司加上我一共4个人，虽然人少，也需要管理，所以我设计出学习的流程，每天早上开晨会，一个人念一篇文章，其他人说出自己的观点，我发现每个人的视角都不同。周六轮流上课，每人发一本书，回家去备课。经过一段时间后，公司的凝聚力提高了。

因为创业，一切都是最新的尝试，每天忙忙碌碌，生活被忽略了，刚上一年级的孩子也受到影响，老师找我谈，说孩子不在状态。我马上做出调整，把心思放在孩子和家庭上。比如，周六爱人做饭，周日两人一起分工包饺子，这个习惯一直坚持下来，雷打不动。爸妈帮助接孩子，我送孩子，这样一来，家庭秩序就建立起来了。因为创业，我的潜能发挥出来，每天很有激情，对孩子的影响也是正面的。我喜欢看书、买书，不看电视，孩子也在一边看书。我喜欢买光盘看电影，给孩子看83版《射雕英雄传》。从此她迷上金庸的书，而且她整个少年时代就是这样度过的，这为她长大后的阅读打下了基础。现在想起孩子的老师，我一直感激她，她是那么负责任，及时地提醒我，让我在孩子的成长过程中没留下遗憾。

我热爱工作，也热爱生活，工作和生活互相给予能量，缺一不可。

在创业过程中，我还意识到独处让我思路明晰。我还喜欢旅行，旅行让我思想不僵化。

02 四十不惑，生命重启

2008年我生病了，公司停了，爸爸让我索性给孩子陪读。孩子正上高一，我想如果我都不快乐，怎么给孩子快乐呢？在孩子的成长过程中，我始终认为孩子的快乐是最重要的，所以我又重新创业，还是选择了原来的软件，但是一切都不一样了，经过两年我才找到方向，就是做网上的产品。网上的软件客户能接受吗？说实话，我心里没底。最后我们也说服客户用上了，说以后就是这样的趋势，产品都上云端。客户接受了，觉得更方便，因为回家也可以查数据，出门也可以。我试着让全部过程都在网上解决，培训、售后，即使有的客户有意见，我也坚持在网上服务，最后居然全部能完成，这更坚定了我可以在家工作、出门也不耽误的信心。

2014年，我接了一个电话，说是微信的课，80元/节。我决定去听。后来又接到电话，说有个380元的课，我又去听。在课上，是一个上海的老师讲微信，那时微信还是新鲜事物，说未来好多线下的店将会被网上的店取代，许多年后这句话在现实中应验了。在课上我又买了上海的课，爱人支持我，而我也一直想去上海。于是，我来到了上海。这个城市对我的冲击太大了，我迷上了上海。创业以来，我反复去的城市是北京，我想为什么30多岁时不来上海看看，真是眼界的问题！后来我又来了几次上海，每次都去同一个地方——张爱玲故居，因为在我眼中的上海都是张爱玲笔下描绘的。40岁，我还打太极拳，写毛笔字，这是30岁的我想不到的。

03 50知天命，回归家庭

如今我50多岁了，近些年主要精力在父母身上。父母老了，我自学中医，让他们的身体借上力。50多岁的人身体也不如以前，我自己和家人都需要中医的帮助。

生活一点点从混乱到有秩序。我一直学习，怕被时代落下，而随着时间的推移，我发现自己精神的能量不像以前那么充足，所以我选择向有正能量的人靠近。我是幸运的，遇到了弘丹老师。经过一年多时间，我在这里找到了精神营养。2025年的春天，我被书名深深吸引——《改变的勇气》，我给自己加了一把劲，爱人也支持我，我真是做了一件之前想都想不到的事——写书。以前我也有记录生活的习惯，但都是给自己看，分析自己的生活，觉得写书太遥远了，和我一点关系也没有。

回首望去，一路走过，当时从银行离职，也算是一种勇气，一种改变。我常想如果一直在单位上班会怎样，按部就班地生活，我不会这么有活力，给孩子的能量也不一样，也不会有这么多经历，见地也不一样。所以我从来不后悔，我收获的是精神的财富。

分析我的人生，好多都是偶然的，而不是刻意去寻找的。如果不是朋友小H随意地拿起门口的报纸，我也不会进入IT这个行业中来；如果不是我接了一个管理软件的电话，我也不会把自己的时间、精力放在上面，而且一坚持就是20年；如果不是接了学微信的电话，我也不会见到上海。人生就是体验，结果由不得自己，过程是快乐的就行了。这就是命运吧！年轻时把人生想得特别简单，觉得努力就什么都可以，没想到人生还有许多不可控因素，自己说了不算的地方。我们能做的就是接受命运的馈赠，然后看到自己独有的样子和人生之路。

电影《一代宗师》里，说宫二留在了她那个时代，叶问又往前走他前面的路，以前看不明白这是什么意思，现在好像懂了。愿我们每个人都有勇气改变自己，勇敢地走未来的路。

葛军

改变，
从按下重启键开始

- 心理咨询师、家庭教育指导师
- 16年央企酒店管理经验、6年安全管理经验

你是否真的渴望改变?

我们常常陷入这样的矛盾——内心呐喊着"我要改变",却迟迟无法迈出第一步。为什么?因为大多数人的"改变"只是一个模糊的念头,而非清晰的目标。

比如,我们常说:"我不想再拖延了。""我要变得更自律。""我必须摆脱现在的糟糕状态。"但这些愿望往往停留在情绪层面,缺乏具体的行动指引。真正的改变,不是靠"想",而是靠"做"。

01 父亲离世,被迫按下"重启键"

我的改变,始于一场无法选择的命运转折。1981年,父亲因胃癌离世,年仅42岁。那时的我,还是一个懵懂少年,而母亲只有32岁,却要独自抚养三个孩子。面对突如其来的重担,她没有崩溃,而是迅速做出决定。让姐姐顶替父亲的工作,解决家庭经济来源问题;送我去参军,让我在部队磨砺成长;将弟弟送回老家,减轻生活压力。

就这样,15岁的我穿上军装,踏入军营。临行前,母亲只提了三个要求:像父亲一样立功受奖;加入中国共产党;不准吸烟喝酒。这三个要求,成了我人生的第一个"自律框架"。

在部队,被迫"重启"人生。军营生活远比我想象的艰难,新兵训练时,我最怕两件事——夜间紧急集合和投掷手榴弹。由于爆发力不足,我和战友小夏总是投不到30米的标准距离。班长命令我们:"一周内,只练投弹,投不到30米,就别休息!"于是,我们每天起早贪黑，疯狂训练。3天后，胳膊肿得像"猪蹄"，疼得连筷子都拿不稳。但到了第6天，我们不仅投出了30米，还提高了命中率。恐惧，就这样被硬生生"练"没了。

自律，从"被动"到"主动"。新兵连训练结束后，我养成了一个习惯，白天训练，晚上学习。熄灯后，我常躲在被窝里看书，甚至因此被连长批评。但正是这种"自我加练"，让我在第二年内从普通士兵升任副班长，后来又调任司务长。

目标清晰，行动才有力量。母亲的话始终刻在我心里。第二年上半年，我递交了入党申请书，并严格按照党员标准要求自己。训练时冲锋在前，演习中表现突出，最终光荣加入中国共产党，并荣获嘉奖。自律，不是天生的能力，而是被目标逼出来的习惯。

改变的关键是找到你的"重启键"。回望这段经历，我意识到真正的改变，往往始于"被迫"。父亲的离世、母亲的决断、部队的纪律，都在推着我向前。

目标越具体，行动越有力。母亲的三个要求，就是我的"行动清单"。自律不是"坚持"，而是"习惯"。当行为变成自然，改变就不再痛苦。如果你也想改变，不妨问自己，你的"重启键"是什么？你的目标是否足够清晰？你是否愿意从今天开始，迈出第一步？改变，不是未来的某个时刻，而是现在的每一个决定。

02 改变，是人生的不断重启

人生如同攀登螺旋阶梯，每登上一层平台，以为可以驻足喘息时，新的迷雾又在前方等待你。

退伍后我被分到一家央企做了一名电工。师傅对我很用心,恨不得把毕生的技术都传授给我,而我的心思却在吃、喝、玩、乐上。那个年代,录像室刚刚兴起,香港电影特别火。我被身边的小伙伴拖着去看录像,自从看了《英雄本色》这部电影,就被剧中的小马哥所吸引。班也不上了,整天就沉迷于影视剧中,几乎每天溜号去录像室。

师父十分气恼,索性放手不管了。我变本加厉,上班看录像,下班喝酒、抽烟、打牌。我不以此为耻,反而引以为豪,浑然不知自己正走向另一条人生之路。俗话说,没人管的孩子就像断了线的风筝,越飞越远。

记得有一次我回家很晚,刚把门敲开,就见母亲把我的被褥、衣服向外扔。母亲哭着跟我说:"你的家不在这,你的家在外面,你喜欢玩,喜欢混社会,那你就去。从此以后你也没有我这个妈,也没有这个家。我也没有你这个儿子。"当母亲说完这段话后,我抱起被子、衣服"咕咚"跪在了楼道地上,哭着对母亲说:"妈,我错了,我真的错了。你不能不要我。爸爸很早就离开了我,我不能再没有妈。我改,我一定改。听您的话,听师傅的话,我一定做个好儿子,好徒弟。"母亲气没有消,最后说:"回家可以,但你必须给我写保证书,如果不改,我们就断绝母子关系。"

母亲赶我出门这一举动彻底改变了我。我深刻地反省自己,找到了错的根源。是孩子都喜欢玩,人是环境的产物。在什么样的环境中,就会受什么样的影响。从此,我断绝了与社会上的来往,专心工作,刻苦钻研。很快就掌握了各项电工技术,许多疑难问题都能独立解决。我的转变得到了同事和领导的认可。我还通过自学考上了江苏省旅游干部学院，拿到了大专文凭。后来，我被调到宾馆任工程部经理，工作上有了质的飞跃。

从工程部经理到宾馆老总，再到公司安全主管部门任职，这一干就是22年。这期间也经历过许多风雨，但我凭着一股信念顽强地走了过来。

03 破茧成蝶——在人生下半场找到新航向

随着年龄的增长，我退居二线的时间也一天天接近。考虑到退休后的生活，就提前给自己制定人生规划，提前布局。

在即将退居二线的几年里，为了能给未来的生活增添色彩，我利用工作以外的时间投资大脑，报名参加中国培训界许多大咖的课程。为了学习，全国各地到处跑，投入了大量的时间、精力、财力，最终的结果是一事无成。

我不仅没有回头，还一如既往地坚持着。就像一只无头苍蝇到处乱飞，最终撞得头破血流，人财两空，家庭关系一度濒临破裂。

错误的观念带来悲惨的结果。家人反对，经济损失，同事、朋友对我另眼相待。我背负着沉重的压力，感到迷茫、焦虑、萎靡不振，每日借酒消愁，把自己灌醉，回到家就睡，什么也不想。这也是我人生中最艰难的时期。

当退居二线的通知正式下达时，我站在空荡荡的办公室窗前，突然意识到自己正面临人生最严峻的身份危机。30余年的职业生涯戛然而止，就像一列高速行驶的列车突然被叫停。此刻的我该往何处去？这是我人生中的又一次抉择。

这段经历让我深刻体会到，中年转型最大的敌人不是年龄，而是失去方向的焦虑。就像被困在迷宫里的旅人，越是着急寻找出口，越容易在原地打转。

正当我在十字路口不知所措的时候，一本书给我带来了转机，让我彻底觉醒。这本书是《认知觉醒》。我如饥似渴地将这本书看了两遍。"人生最大的监狱是思维的牢笼，而钥匙就握在自己手中。"在阅读时，这段话如闪电般击中了我。那一刻，我决定按下人生的重启键。

经过深度思考与自我剖析，我发现了三个关键认知：优势迁移法则，将多年管理经验转化为心理咨询的沟通优势；终身学习思维，50岁的大脑依然具有可塑性；价值重构模型，从追求物质成功转向精神赋能。

当今这个社会，人们的关注点已由物质需求转向精神需求。借助这个趋势，我给自己定位，决定成为一名心理咨询师。从决定的那一刻，我就给自己制订了学习计划：一是完成所有线上课程的学习，建立系统知识框架；二是研读心理学经典著作，扩展知识面；三是利用"超强大脑记忆法"克服年龄上的记忆劣势；四是参加线下实操练习，理论联系实际，助人助己。

我按照学习计划，一步一步地深耕着。前两次的考试未能通过，我特别沮丧，想要放弃。"放弃是亲手熄灭最后一丝可能，不放弃是让余烬在掌心重新燃烧"，这段话激励了我。我改变学习方法，延长学习时间，由死记硬背改为深刻理解，最终，我拿到了中国科学院颁发的心理咨询师证书。这件事，让我对人生有了新的认知，也给我后来的生活、学习带来了巨大改变。

从那一刻起,我决定改变自己,从点点滴滴开始改变。清晨起床外出跑步,每日读书,每日冥想;从每日计划到每日复盘。

现在的每一天,都从凌晨4点开始:阅读、写作、冥想、跑步,按照日计划完成当日目标,晚上复盘并进行明日规划。

最具有挑战性的是两次半马跑经历。我在两位发小儿的鼓励下,挑战半马跑。第一次跑了21.58公里,用时2小时58分;第二次跑了23.57公里,用时3小时09分。

两次经历让我深知,任何困难,只要你怀揣勇气,敢于迎头挑战,便会发觉,所谓困难不过是自我设限。当你不再将其视作艰难险阻,它便只是生活中一次平常的经历。人生没有跨不过去的坎,只有不敢迈出的脚步。

最后,我想说,改变需要勇气,行动才有底气。有了勇气,付诸行动,你就是那颗璀璨的新星。

改变永远不会太晚,只有从未尝试。改变不是一蹴而就的,而是一个持续的、长期的过程。

贰拾玖画生

用勇气
实现人生的蜕变

建筑行业测绘工程师 ●
公众号作者 ●

回首自己40年的人生轨迹，发现每一个阶段都是一次蜕变。正如尼采所言："凡不能毁灭我的，必使我更强大。"从初入职场的懵懂少年到如今在行业内略有名气的工程师，再到通过读书变现，拥有一份在任何时间、地点都可以创收的副业，我用一次次蜕变书写了属于自己的生命华章。这些蜕变不是终点，而是我持续前行的起点。

01 人生蜕变第一步：从学会技能成为全才开始

初一那年，我的数学成绩在班级里名列前茅，然而，初二后成绩下滑，中考未能考上高中。父亲并未责备我，而是平静地说："中专没什么好读的，你先休息一阵，想想将来做什么。"18岁那年，带着对未来的迷茫，我跟随亲戚来到上海，踏入建筑行业，成为一名测量辅助工，正式开启职业生涯。

起初3个月，我机械地做着重复性工作，主要负责测量辅助工作，比如扶标尺。我意识到不能一直这样下去，于是试着问测量主管："我可以试着用测量仪器吗？"得到的答复是："你就一直做好辅助工作就可以了，其他的不要多想！"这一刻让我猛然意识到，若不主动学习，我将永远停留在原地。

正如《钢铁是怎样炼成的》中保尔·柯察金所言："人的一生应当这样度过：当他回首往事时，不因虚度年华而悔恨。"我开始利用师傅们休息的时间，捣鼓那些测量仪器，自学仪器操作。

3个月后，我终于能够熟练操作测量仪器。后来公司组织测量工培训考试，我毫不犹豫地第一个报名，自掏腰包参加考试。最终，我以理论知识87分、实操80分的成绩顺利通过考试，获得了中级测量工证书。

不仅如此，我还买来Office办公软件，那个时候电脑系统还是Windows XP版本。我利用夜晚的时间学习办公软件，甚至自费报名CAD培训班。

记得那是2005年，项目现场只有一台台式电脑，非内业工作人员基本无法接触。我只能在白天他们操作时，站在旁边观看，并默默记下操作步骤。

在学习CAD课程时，我遇到了一个关于排版打印的问题，向老师请教时，他未能解答，因为他也未曾操作过。我决定自己摸索，经过两天的尝试，终于成功完成任务。当我将成果展示给老师时，他惊讶地问我是否之前学过。

那段时间，我常常在项目部的电脑前钻研到深夜（因为只有晚上电脑空闲，无人争抢），最终掌握了内外业的全部技能。后来项目负责人因家里有事离开了一段时间，我被委以重任，独自负责两个项目。那时，我是项目组中最年轻的成员，但内外业工作、与甲方的沟通协调等事务均由我负责。

当项目负责人回来之后跟我说了一句话，我到现在还记忆犹新，他说："还好有你在，不然我得忙得焦头烂额！"

那一刻，我终于明白，努力终将被看见。正如歌德所言："只有年复一年的努力，才能换来日复一日的从容。"

是啊，人生中的每次默默付出，最终将在生命中的某个时刻得到回报，有可能是金钱上的，有可能是心灵感悟上的。

02 人生蜕变第二步：提升学历，打破自卑的枷锁

几年后，我逐渐从一线转向办公室，负责项目管理的全流程，包括项目规划、人员安排、日常运营、项目的结算办理，这些工作我都驾轻就熟。

然而，学历的短板始终是我心中的隐痛。每次看到同事们因学历获得晋升机会，我都感到无力与不甘。直到2007年，我决定再次突破自我，报考同济大学成人高考，向命运发起挑战。

备考的日子里，我像一名高考复读生般全力以赴。最终，我以超出录取分数线50分的成绩被同济大学录取。班上50多名同学中，只有我敢报考上海市前三名的大学——同济大学，其他同学报考的学校都名不见经传。事实证明，有时候必须逼自己一把。

三年的学习并不轻松，由于基础薄弱，我也曾挂过科。每次考试严格，前后有三名老师监考，但我始终坚持。在毕业论文答辩时，我准备了三个月，最终一次性通过。

毕业时，我终于可以自豪地说："我是同济大学的本科生。"那一刻，我终于摆脱了学历带来的枷锁。正如《苏格拉底的申辩》中所言："未经审视的生活不值得过。"我用行动证明，改变从审视自我开始。

03 人生蜕变第三步：用软实力证明自己

在办公室工作的日子里，我始终渴望在方案和报告上留下自己的名字。然而，工程师职称的评定需要本科毕业五年，而我的学历并非

全日制。行政主管的话让我倍感压力:"你上的大学不是全日制,专业也不对口,通过的可能性不大。"有的时候,有的话是说者无意,听者有心!他的话虽带调侃,却也道出了部分现实,但我不服输。

我开始系统准备评审资料,从学历证明到业绩报告,从网课学习到论文发表,每一份材料都分门别类整理得井井有条。评审当天,我的资料成为全场最齐全的一份。3个月后,我顺利通过评审,正式成为一名工程师。那一刻,我将职称证书的照片发给行政主管,用事实回应了所有的质疑与偏见。正如海明威所言:"生活总是让我们遍体鳞伤,但到后来,那些受伤的地方一定会变成我们最强壮的地方。"

从那之后,我终于不再是图纸角落里被忽略的编写者,而是项目投标标书封面上的负责人,以及技术报告扉页上的签字人。每当印着"某某工程师:×××"的文件被递到甲方手中,当同事们用"咱们××工的标准"作为规范准则时,我终于读懂了爱默生那句"你的名字,是写在人心上的碑文"的分量。

以前那些写满数据的测量本,还有沾满了我指纹的图纸,现在都成了我努力过的证据。就像海明威写的那个跟命运死磕的老人留下的伤疤,我职称证上的红章,就是岁月给奋斗者的奖赏。有些路,就算跪着走完也是好路;有些梦,带着泪去追才会真正在心里扎根。

每当夜幕降临,看着办公桌上那一台独属于我的台灯,我就会想起多年前在电脑前苦学CAD的自己。我明白了真正的变化不是名字出现在文件上,而是名字成为必需,署名有了意义。我也懂得了工程师的价值不在于编制的报告有多少,而在于名字出现在哪里。

04 人生蜕变第四步：寻找不被时间束缚的收益

转眼间已近不惑之年，人生如走马灯般掠过前半程。从懵懂的初中生成长为业内小有名气的工程师，我曾认定能在这行深耕至退休。然而2024年年初那条"2300余家建筑企业破产重组"的新闻，给了我当头棒喝。公司裁员名单不断拉长（明的或者暗的），岗位调整通知接踵而至，我突然意识到：曾经引以为傲的专业技能，正在被时代浪潮无情拍打。

独处时，我常在心底问自己，这些年最大的成就是什么？是还完了房贷，还是其他的什么？经过这么多年的职场晋升，我也有了自己的房子、车子，无房贷、车贷。但是总是处于刚好吃饱，没有结余的状态。

现在我们这个行业不景气，公司对于我们这种老员工，迟早是要辞退或者降薪的。虽然被辞退是不可能发生在我的身上的，因为我的职称证书维系着公司的资质证书，但是不排除出现降薪或者调岗的可能。

是时候做出改变了，我不想等到自己七八十岁的时候，回想这一生碌碌无为。

2024年年中的时候，我在上海浦东图书馆，无意中读到了弘丹老师的《读书变现》，里面讲述了读书的方法，以及怎么通过读书来变现。我以前也经常看书，但是每年读得不多，一年15本左右。

掌握速读法后月度阅读量增加了3倍。微信公众号推荐算法好像知道我要改变自己的人生似的，让我接触了各种公众号写作课。不久之后，我加入了多个知识社群，从写作课到财富课，从读书会到销售课，逐渐探索出一条副业创业之路。起初收入微乎其微，但我坚信《富爸爸，穷爸爸》中那句箴言："财富的积累需要时间的沉淀。"如今，我的公众号粉丝量已破千，副业收入虽不丰厚，却为未来播下了希望的种子。

粥左罗的《学会写作》中提到："写作是有复利效应的，你越写越会写，越写越想写，写作能力会像滚雪球一样不断增长，成为一个终身写作者。"

人生下半场的钟声已然敲响，愿这自媒体的星星之火，在坚持的旷野里，终能燎原成改变命运的炬火。毕竟，正如那句流传甚广的行业箴言："自媒体就是那种，前三年赚三年，中间三年赚十年，后三年赚三十年的事业。"

05 结语：蜕变永无止境

40年的蜕变让我明白，人生的每一步都在为未来铺就基石。正如《百年孤独》中所言："生命中真正重要的不是我们遭遇了什么，而是我们记住了什么，以及我们如何记住它。"从技能学习到学历提升，从职称评定到副业探索，我始终相信，改变的勇气源于对未来的渴望与担当。

未来的路或许未知，但我愿以蜕变之心，迎接每一个清晨的曙光。正如泰戈尔所言："天空中没有翅膀的痕迹，但我已飞过。"

 **六月**

请坚信，
即使身处谷底，
你的未来依然光芒万丈

- 高级讲书人
- 007写作大使
- 全脑诗词记忆讲师
- "诗意诗篇"公众号主理人

一月，她在海上

在十三层甲板上默想

那天，有风，有雨，有浪

狂风，微雨，墨绿色的海水涌起白色的浪

灰暗的天空，自动补位的音乐，缓慢而哀伤

满足了她对悲剧情节所有的想象

是时候把故事的结局写上了，她想

4年前，我写下这首短诗作为人生的告别。那时，我渴望通过创业实现财富自由，为此我四处游学。然而，现实却给了我沉重一击，创业以失败而告终，还让我背负了百万债务。当时以为这辈子都无法还清这笔巨额债务，所以当我登上邮轮，站在甲板上，望着无边无际的波涛时，心想只要纵身一跃，便能摆脱提心吊胆的日子了。

01 绝境转念，寻回生活勇气

那天，大风夹杂着小雨，游人逐渐散去。但仍有一人在甲板上看海，还热情地喊我一起看海豚。只见一只、两只……一群海豚跃出海面，那灵动的身姿仿佛在彰显着生命的活力。她请我帮忙拍照，又说风太大，拉着我前往餐厅避风。

或许是不甘命运的捉弄，或许是海豚的出现让我感受到一丝幸运，那一刻，我平复心情问自己，连死亡都不怕，为什么怕活着呢？

我意识到，必须为自己的人生负责，必须自救。罗翔教授的一句话曾深深触动了我："请你务必一而再，再而三,三而不竭，千次万次，毫不犹豫地救自己于这世间水火。"负债期间，自卑使我主动隔绝外界，亲朋好友也似乎刻意疏远我，怕我向他们借钱。为了省钱，我租住在顶楼的储物间，这里冬天冷、夏天热，空间狭小，躺下后抬手就能触到屋顶，压抑得令人窒息。

深陷低谷的我，思维混沌，但我告诉自己必须让生活重燃生机。幸好我一直喜欢阅读，便找来大量传记和励志类书籍。例如《苏东坡传》《不抱怨的世界》《早起的奇迹》等。阅读悄然改变着我的思维，让我坚信人生可以改变。慢慢地，我的精神状态越来越好，在日积月累的阅读中，我逐渐明白，人生没有死胡同，只有未转弯的视角。

我不再幻想有钱朋友的接济，也不再空等大机遇降临。我开始思考如何踏踏实实地做些事情，即使还不了债，至少能解决温饱，支付房租。

为避免信用卡全面逾期，我每隔4个小时设置一个闹钟，提醒自己倒卡，但拆东墙补西墙，债务像滚雪球一样越滚越大，还导致两张储蓄卡被冻结。所以，投资小生意这条路是走不通了，我只能找既能一人操作，又无需投资，还能兼顾信用卡周转的工作。

当时，商品优惠券分享大火，正好契合我的要求，我立刻投身其中，反正人生已经跌至谷底，无论如何尝试，都是向上。此后，我化身"拼命三娘"，日夜在朋友圈、购物群里宣传优惠券。为了扩大业务，我还印制了传单，前往学校门口、商场等人流密集的地方分发。期间经常有人嫌弃我频繁发朋友圈而删除我，我会难过流泪，可是转念一想，此时赚钱比伤春悲秋更有用。凭借这股拼命劲儿，历经4个多月，我成功晋升为高级团长，收获了9万多佣金，缓解了还款压力。要知道，当时能成为高级团长的概率大约只有万分之一，很多人加入后几天无人问津，便放弃了。这段经历让我真切地体会到，只要多付出一点努力，就能超越很多人。

02 贵人引路，收获逆袭契机

这9万的佣金，对于百万债务来说只是杯水车薪，又恰逢优惠券平台如雨后春笋般涌现，流量逐渐分散。正当我发愁该何去何从时，一位朋友提议一起直播带货。虽然我对素人直播心存疑虑，但无需投资这一点，对于当时身无分文，只有时间的我来说极具吸引力，于是我选择入局。建议我直播的朋友，虽然坚持了两个月便放弃了，但无疑是我的贵人，若非对方告知这个信息，我很难涉足直播领域。

刚开始直播时困难重重，直播间里常常空无一人，许多一起开播的伙伴纷纷放弃，我也曾多次萌生退意。就在这时，我遇到了另一位贵人，来自山西大同的任海先生。他经常在睡前刷到我的直播，第二天醒来发现我仍然在坚持。他看到我的努力，鼓励我说："你这么拼命，未来肯定会好起来的。"

我苦笑着说："有时开播7个多小时，就3笔成交，真的感觉是浪费时间，真坚持不下去了，你以后可能看不到我开播了。"

他劝导我："你再坚持一下，哪怕一天、一周、一个月，别去想太遥远的未来，先把自己送到下一个阶段就好。很多人负债几十万就选择轻生了，你其实比他们坚强很多。你永远不知道未来会怎样，说不定未来有无限可能呢！你说对吧？"他的鼓励，让我瞬间掉下眼泪，我没敢告诉他，我最早也是想一了百了的。他不仅安慰劝勉我，还成了我直播间的第一位支持者，每次我推荐新书，他总是第一个购买，我的直播间能够从0到1实现突破，他功不可没。

低谷期，鼓励是一种稀缺的资源。是贵人的鼓励引导，让我把心安定下来。比想象中多走了一段路，在这条路上坚持了3年多，我也因此结清了大部分网贷，并还清了第一张信用卡。

03 持续行动，推开希望之门

当时，每天长时间直播，嗓子干涩、大脑时常缺氧、心慌是常有的事。说实话，放弃的念头还是会不时地冒出来。这期间，任海先生经常来支持，并劝导我，既然选择了，就别轻易下牌桌。所以，哪怕实在没有动力直播时，我也会依靠意志力机械式地完成直播。即使没有流量、没人下单，我也会硬着头皮在直播间坚持4个小时才下播。因为我知道，行动是通往梦想的唯一途径。我只盼着平台能检测到我每天坚持开播，从而多给我一些流量扶持。既然没有天赋，那就用勤奋来弥补。

就这样，熬到临近春节，流量终于有所好转。为了抓住机会，我最长连续直播了19个小时，当天成交了190单，新增了1600多位粉丝，那一刻，我欣喜若狂。从那之后，尽管流量时好时坏，但我依然一场接一场地直播。我深知，成功从来不是概率问题，而是行动多少的问题。

那段时间，我就像一个不知疲倦的陀螺，每天直播10—15个小时，长时间久坐导致腰椎和颈椎疼痛难忍。直播时，大家能看到我不停地扭动脖子、变换姿势，只为减轻一些疼痛，却始终不敢轻易下播。因为每多坚持一分钟，就离还清债务的日子更近一步。经过3年多这样不间断地直播，我终于还清了最后一家网贷，也注销了大部分信用卡。那一刻，泪水夺眶而出，这泪水里不仅有对未来的欣喜，更有对过去那段艰难岁月的感慨与释怀。

在那些艰苦的日子里，每一分钱都弥足珍贵，即使只有几块钱，我都赶紧用来偿还信用卡。我不敢买新衣服，直播时，有粉丝问我为什么总是穿这几身衣服，我只能强颜欢笑地回复说那是我的战袍，其实心里很不是滋味，我甚至舍不得买杯奶茶喝。有时不禁想，为什么自己的生活变成了这副模样，然后眼泪就不自觉地流了下来；连一直想吃的火锅，也是念叨了一年半，才在朋友的有意帮助下，带着母亲去吃了一顿。

04 涅槃重生，书写全新篇章

还清了大部分债务后，长期超负荷工作带来的身心疲惫，让我决心寻求转型。基于自身在直播领域积累的镜头经验，以及此前大量阅读书籍所形成的对书的深刻理解，我选择转型成为读书主播。知识IP具有长久性与广阔的发展空间，是高复利的工作，能助力我持续成长，这也是我选择转型的重要原因。

重新开始打造IP，需要不断地沉淀与积累。我学习了视频剪辑，并坚持每天发布3条语录视频，积累了一定数量的粉丝后，顺利转型为读书主播。最初，我只是简单地把自己读到的书整理出大纲，分享给大家。哪怕只有一个人听了认为有用，我都觉得这场直播是有意义的。为了快速提升自己，我主动向专业的老师学习，考取了高级讲书人证书，学习了课程开发，并组织读书会与书友一起成长。

在做读书直播的过程中，我还结识了一大批志同道合的书友，他们的文章常常给我的生命带来滋养。于是，我又开始跟着几位写作老师学习，希望用文字记录下自己的成长和感悟。在他们的悉心指导和鼓励下，我从默默练习到公开写作，不断练习，积极完成了"百日更"打卡。后来，我还参与了第一本畅销书合集，成了知名写作社群的写作大使；而现在正在创作的这本书，将是我的第二本合集，并且第三本书也已经确定选题。

有一句话说得好，是什么拯救过你，你就用它来拯救这个世界。我希望能够用自己的经历和感悟去激励更多的人。如今的我借助书写个人经历、直播分享读书见解、录制视频传递感悟等创作形式，向世界展现自身的价值。书籍启迪了我的智慧，贵人给予了我扶持，我通过大量的行动，终于从负债的深渊中爬了出来，为自己赢得了全新的人生。未来，我将继续乘风破浪，希望有一天，我能成为知名的自媒体博主，用书籍和故事陪伴更多的人。

请坚信，无论现在怎样，你的未来依然光芒万丈！哪怕此时此刻，你身处谷底的中央。也许你正因生活的重担而压得喘不过气，被接连不断的挫折打击得失去信心，觉得前路一片迷茫。但请记住，人生就像四季轮回，有寒冬就必有暖春，黑暗之后定会迎来黎明。在这个和平的年代，在这个美好的国度，只要不偷懒，每个人都能找到出路。只要心怀信念，一步一个脚印，终会走出低谷，拥抱属于自己的星辰大海。

张博

藏蓝青春的逆袭密码，从麦田到笔尖的重生手记

一名警察在ICU病床上写下的生命答卷

笔名清风贤士
作家、诗人、职业警察，任新疆吐鲁番市公安文联作协主席，吐鲁番市高昌区文联副主席
作品发表于《人民日报》等，获金鼎杯金奖、屈原诗歌奖桂冠奖等，词条及作品入编多部典籍，代表作有《党旗飘扬》《警魂颂》等

人生是场永不设限的破茧之旅，那些被命运碾压的痛，终将成为翅膀的骨骼。我，曾是太康麦田里捡麦穗的男孩，是新疆戈壁滩上努力融入社会的双语少年，是倒在岗位上的人民警察，更是在稿纸上重寻光芒的写作者。这段逆袭历程让我坚信：真正的勇气，是把人生的每个"谷底"，都化作破茧的起点。

01 麦田里的勇气初芽：奶奶的麦穗哲学

"穗子熟了会弯腰，人啊，要把根扎进土地里。"

9岁时，太康县独塘乡的麦田是我童年的全部天地。奶奶坐在破旧的门槛上，就着昏黄的煤油灯，为我缝补磨破的校服。灯光闪烁，映出她满是皱纹的脸和布满老茧的手，我蹲在一旁，看着她手上的胶布，心疼地说："奶，你的手又裂了。"奶奶抬起头，温柔地笑着："穗子熟了就该弯腰，把日子过踏实，这衣服补好，你读书更精神。"

夜晚一片静谧，奶奶讲起《岳飞传》。她眼中闪烁光芒，讲着岳飞精忠报国，哪怕困难重重也从不退缩，还对我说："你以后也要像他一样，勇敢面对生活。"我听着，心中涌起热血，暗暗立志要如岳飞般，面对生活挑战勇往直前。

10岁那年，父母从新疆传来消息，说安定下来要接我过去。临行前，奶奶连夜缝了个布包，递给我时满是不舍："到那边记得给奶寄照片。"后来我发现布包夹层里藏着太康麦粒，那是故乡的味道，是奶奶的牵挂。

坐在西行列车上，望着窗外渐远的金黄麦田，它们越来越小，像奶奶藏在心底的泪。那一刻，我明白告别不是遗忘，而是带着故乡的温暖，迈向未知新生活。那些关于勇敢的启蒙，早已随着麦香，深深扎进了生命的土壤。

真正的勇气始于谦卑——麦穗弯腰是对土地的致敬，而我们带着故乡的温度出发，每个脚印都在为未来积蓄破土的力量。

02 戈壁滩上的破冰时刻：当河南腔遇见维吾尔族的都塔尔

"勇气是允许自己先笨拙地张开翅膀。"

尉犁县团结路的出租屋，热娜阿姨的烤馕香驱散了陌生。她把温热的馕塞进我手里："娃子，别怕生。"孜然混着麦香漫进鼻腔，我攥紧书包带的手松了劲——这是新疆给我的第一份温柔。

语文课成了头道关卡。当河南腔的"亚克西"跳出舌尖，教室里腾起善意的笑浪。我盯着作业本上狂舞的维文字母，眼眶发烫。古丽同学突然推来哈密瓜："我教你弹都塔尔，你教我写'勇敢'！"她拨弄琴弦上的胡杨木坠子，木纹里嵌着戈壁的阳光。

课桌成了我们的小战场。她用彩笔画都塔尔轮廓，我在她笔记本上描红"勇"字。当她用生硬的河南话喊"加油"时，我笑出了泪。两个歪扭汉字与跑调的都塔尔旋律，正凿开语言隔阂的墙壁，漏进光来。

初二演讲比赛，我站在台上，话筒被我的汗浸湿，维吾尔语单词在我的舌尖打结。台下的窃笑让我喉头发紧，直到看见热娜阿姨在角落里比出大拇指，想起奶奶"慢慢来"的叮咛。三个月后，我带着麦浪与胡杨的故事重返舞台:"河南麦穗弯腰亲吻土地,新疆胡杨挺立拥抱风沙。我们的根,深扎同一片中国土地!"

都塔尔前奏响起,古丽举着写有"勇敢"的纸板摇晃。当双语在唇齿间流淌,掌声如塔里木河翻涌,混着维吾尔族同学的即兴曲调。我此刻懂得了勇气从不是华丽翱翔,而是张开笨拙的翅膀,让不同文化在碰撞中,开辟出属于自己的天空。

勇气是拥抱陌生的第一步,当"亚克西"与"加油"在课桌上相遇,当都塔尔与汉字在稿纸上共鸣,我们在差异中找到了飞翔的翅膀。

03 警徽下的生命守护:那些用身体挡住的风沙

"警徽不是勋章,是贴在胸口的滚烫誓言。"

北京的高薪offer没能留住我。望着新疆地图上蜿蜒的塔里木河,我听见内心的声音:这片土地需要守护。穿上藏蓝警服宣誓时,肩上扛起责任的重担。

第一次巡逻,热依汗古丽大妈把温热的烤包子塞进我手里:"小伙子,看见你这身衣裳,我们夜里走路都不怕了。"馕香裹着信任,让"责任"有了具体的形状。

沙尘暴突袭的午后,对讲机炸响:"集市有歹徒持刀!"我冲过昏黄沙尘,只见歹徒挥舞匕首,人群惊叫奔逃。角落蜷缩的孩子让我本能扑过去,用身体挡住寒光。余光里,热依汗古丽大妈正挨个给游客递烤包子,她的眼神像胡杨般镇定,仿佛危险只是场过境的风沙。

同事的脚步声从身后传来,我们默契包抄,瞬间制服歹徒。大妈递来干净的手帕,夸赞我们:"好样的,娃子。"此刻我认识到:警察的勇气，是危险来临时，身体先于思考的本能守护。

南疆的日子滚烫如戈壁烈日。塔里木河涨水的夜晚，我们巡护堤坝，坚守在一线；沙尘暴突袭，我们帮棉农抢收棉田，作训服沾满白絮，棉农大姐给我们送来热乎的苞谷馍……在南疆的日子是由这些点点滴滴构成的，牧民送的刺绣平安符挂在书架上，每道针脚都是无声的勋章。我曾以为冲锋陷阵才是勇气，直到那个连续加班的夏夜，命运给出了新的考题。

回望时终于明白，警徽给予的不是荣耀，是扎根的力量。就像胡杨挺过风沙才能深扎大地，守护从不是豪情壮语，而是把每个平凡日夜，都活成对这片土地的誓言——藏蓝在身，便与这片土地的风沙、星光、笑脸，永远站在一起。

警徽是用青春和热血写成的承诺书；警察的勇气，是危险来临时，本能地把他人护在身后的担当。

04 ICU病床上的重生：当警服变成稿纸

"在生命的断崖边，我学会用另一种方式站立。"

2018年的夏天，酷热难耐，我已连续加班好几个昼夜。那天早上，我正专注整理资料，突然一阵强烈头痛，眼前一黑，便失去了意识。

急救车上，同事们焦急的呼喊声在我耳边回荡。再次醒来，我已躺在ICU的病床上，周围一片刺眼的白色。主治医生表情严肃地告诉我，长期高强度工作让我的心脏负荷远超极限，必须告别高强度工作，否则后果不堪设想。

当我试着穿上警服，却发现连抬手扣纽扣的力气都没有，曾经熟悉的警服此刻无比沉重。我躲在病房里,泪水不受控制地流下来。那个曾经能徒手制服歹徒的自己,怎么就被病魔打倒了?我陷入了深深的自我怀疑和绝望之中。

就在我最消沉的时候,母亲来到我身边,带来我的初中作文本。她翻开其中一篇《胡杨梦》,泛黄的纸页上画着一个穿着警服的男孩,旁边写着:"胡杨断枝后,会在伤口处长出更坚韧的新芽。"看着这些文字,我想起曾经充满梦想的自己。枕边热娜阿姨寄来的胡杨木笔杆,让我想起奶奶的话:"穗子弯了腰,才有沉甸甸的收成。"我不能被打败,上学时我就喜欢写诗歌散文,此刻,我颤抖着拿起笔,在纸上写下第一个故事。笔尖晕开的墨点,如同警徽在黑暗中投射的影子,虽微弱却给了我新的希望。

命运拿走你的铠甲时,会馈赠一支笔。笔尖落下的不是文字,是生命在裂缝里重新生长的勇气。

05 笔尖上的重生:从警徽到文字的铠甲

"当警服化作文字,我终于明白勇气的另一种形态。"

刚开始投稿的日子充满挫折,前三封退稿信像冷水一样浇灭了我心中的希望。编辑的回复很残酷:"故事缺乏情感张力""内容不够吸引人"。我坐在窗前,望着窗外的胡杨发呆,满心迷茫和失落,甚至怀疑自己是否适合写作。

就在我几乎要放弃时,维吾尔族同事买买提找到我,笑着说:"我妈读了你写的故事,特别感动。"他的话像一束光照进我黑暗的世界,让我重新燃起希望。我开始回忆那些藏在警服褶皱里的温暖瞬间：帮牧民追薪，他们拿到钱时的喜悦；歹徒行凶时同事们毫不犹豫地保护百姓；救助流浪汉的场景；维吾尔族少年阿迪力努力学习汉字的认真模样……这些都是珍贵的写作素材。

我把这些故事一个一个写下来，用心描绘细节，用情感填充文章的骨肉。以它们为素材，我开始创作诗歌、散文和故事。终于，我的努力有了回报，作品陆续发表，还出了诗集。那一刻，我知道稿纸上的文字不再只是自我救赎的工具，它们成了照亮我生命的光。我也明白了，改变不是放弃，而是在新的领域让曾经的经历和荣誉继续发光。

文字是永不褪色的警徽。当岁月模糊了冲锋的身影，那些藏在稿纸里的故事，让守护的誓言永远年轻。

06 破茧时刻：每个转身都是勇气的勋章

"真正的勇敢，是让每个'难'字都长出翅膀。"

如今，我站在塔里木河大桥上，望着奔腾的河水，思绪万千。从太康的麦田到天山的警徽，从病倒后的脆弱到笔尖上的重生，一路走来，历经艰难险阻，每一次挫折都成为我成长的阶梯。奶奶的麦穗教会我脚踏实地，热娜阿姨的烤馕给予我温暖和力量，警服上的盐渍见证了我的坚守，稿纸上的文字记录了我的重生。

现在的我，依然热爱写作。深夜里，伴着窗外胡杨的沙沙声，我在键盘上敲下一个个字。我也时刻关注身边的人和事，尽自己所能帮助他人。当有人问我改变需要多大勇气时，我会指着书架上的警徽和手稿，微笑着说："勇气藏在生活的每个角落。它可能是奶奶缝进布包的麦粒，是热娜阿姨递来的第一块烤馕，是危险来临时的本能一扑,更是倒下后对自己说'再来一次'的坚定信念。"

人生没有白受的苦,那些让你痛到窒息的时刻,终将在时光里酿成勇气的酒。愿你我都能像胡杨一样,把根扎进坚硬的土地,把心望向辽阔的天空,让每个破茧的瞬间,都成为生命最璀璨的勋章。因为真正的传奇,不是从未跌倒,而是跌倒后笑着对世界说:"看,我又长出了新的翅膀。"

真正的勇气,是允许生命在不同的土壤里重新发芽,像麦穗在戈壁扎根,像胡杨在沙漠开花,让每个改变都成为时光里最动人的勋章。

馨韵笑笑

爆改人生三连击

"80后"二孩宝妈 ●
热爱策划的媒体人 ●
拥有副高职称 ●

在岁月的长河中，改变的勇气宛如破晓之光，驱散迷茫，照亮前行的方向。回首过往，我曾在不同阶段以改变之姿突破自我，收获成长，而每一次转身，都是与更好的自己不期而遇。这些经历如同璀璨星辰，照亮了我生活的道路，让我深刻体会到改变所带来的强大力量。

01 大学减肥：80天暴减30斤，挑战自己我做到了

大学时期，我曾因体重问题陷入困扰。那时的我，体重高达118斤，穿什么都不好看，因此人也越来越不自信。一次偶然的机会，我在相册中看到自己曾经纤细的身材，脑海里浮现出一句话："要是连肥都能减下去，还有什么做不到？"于是我暗下决心：挑战自己，减肥！

说干就干，我迅速报名了学校的健身操班，每隔一天放学后就去跳一小时操。而且跳操那天，我还会忍住饥饿，坚决不吃晚餐。起初，身体的疲惫与饥饿感如影随形，每一次跳操都像是在挑战身体的极限，但挥汗如雨的感觉却让我渐渐爱上了这种状态，尤其是看到镜中逐渐消瘦的身形，我的心中充满了欢喜，坚持下去的动力更强了。

为了更好地控制饮食，我尽量尝试用丰富的蔬菜和适量的蛋白质替代高热量的食物。节食晚餐的那天，我学会了在饥饿来袭时，用一杯温水或一片水果来缓解。宿舍的姐妹们经常会逗我玩，在吃饭时故意在我面前大快朵颐，试图动摇我的决心。为了让自己不受诱惑，我每天早早洗漱完爬上床，躲在蚊帐里看书，免得受到干扰。

渐渐地，我注意到自己的体能有所提升，上课时不再轻易疲劳，运动时也能坚持更长时间，甚至后来顺利地实现夜爬华山的目标。80天后，我成功瘦身到88斤，整整甩掉了30斤脂肪！不仅外貌焕然一新，更重要的是，我坚定地确认了，在这场与自我的较量中，我是胜利者！之后的校园生活里，我重拾自信，积极参加各种社团活动，生活变得丰富多彩。改变的勇气，第一次让我尝到了甜头。

02 职场进阶：创新式模仿+勇猛型死磕=从小白蜕变为副总

进入职场几年后，我跳槽到了一家新单位，面对陌生的领域和全新的业务内容，我一头雾水无从下手，感到前所未有的压力。看着周围优秀的同事游刃有余地处理各项任务，业绩遥遥领先，我深知自己必须做出改变。

首先，我积极向优秀同事取经。每天，我细心观察他们的工作细节，从内容设计的思路到跨部门沟通的方式，从数据分析的方法到团队协作的技巧，我都一一记录下来。下班后，我独自留在办公室，拿着之前的成功案例反复拆解分析，力求掌握精髓。那段时间，我常常都是最晚离开办公室的那一个，同事们戏称我是"不回家的人"。

在学习的过程中，我也遇到了不少挫折。有时，我花费大量时间去研究一个方案，却得不到上级认可；有时，我尝试模仿同事的成功做法，投入市场却效果不佳。但我从未气馁，每一次失败都让我更加清楚自己的不足，也更加坚定了我努力的决心。

凭借"死磕"的拼劲，我很快在业务上崭露头角，短短半年业绩便冲到了第一。然而，我并未满足于此，而是将目光投向其他同类单位的公开案例中，不断汲取行业经验。我主动参加行业研讨会，与同行交流学习；关注市场动态，及时调整产品策略。几年间，我一路高歌猛进，从普通员工晋升为副总。

一位名人曾经说过：优秀者模仿，伟大者剽窃。其实说白了，就是鼓励人们要有敢于改变、善于学习的思维。在职场的舞台上，我勇于创新学习，不断调整不足，突破极限，用实际行动证明了自己的价值。

03 考研追梦：80后二胎宝妈的执着，过尽千帆终上岸

只是，在职场多年的摸爬滚打后，我也陷入了疲惫和迷茫。每天重复着高强度的工作，虽然能够获得稳定的收入和社会地位，但内心深处却时常感觉空落落的，迷茫而焦虑。

就在这时，考研的想法在我心中悄然萌芽。我渴望重回校园，系统地学习管理知识，提升自己的专业素养；我想要换一个角度看世界，重新找到内心的宁静和丰盈；同时，作为80后的二胎宝妈，我也想要悄悄地为孩子树立一个不放弃梦想、终身学习的榜样。

但考研之路并未一帆风顺。丢了书本快20年了，何况这早已不是学生时代一心啃书的年龄段。白天，我依然要全身心地投入工作中，只有早晚，我才能抽出时间来复习。家里的老二还小，需要照顾，老大也还在上小学，处在需要陪伴学习的阶段，这让我每天的时间都排得满满当当。甚至国庆放假时，家人在打麻将，我还躲在一边听课学习。

离第一次考试仅有两个月时，老二连续两次生病住院，老公又出差，我必须一边在医院照顾孩子，一边抽空复习。记得有一次深夜，孩子输液睡着了，我坐在病床边，借着微弱的灯光翻看复习资料。那种疲惫和焦虑，让我几乎想要放弃。

咬着牙坚持后，第一次考试的成绩依然不尽如人意。虽然过了国家线，但我却没有过学校的复试线，而后来的调剂也未能成功。面对失败，我内心备受打击，但我深知放弃意味着前功尽弃，而坚持则可能迎来转机。

于是，我开始反思自己的复习过程，调整复习策略，也更加注重刷题和时间管理。工作之余、午休、深夜皆是学习时光，周末和年假，图书馆里也总有我的身影。

望着孩子们渴望我周末带他们出去玩、期盼陪伴的眼神，即使我内心充满了愧疚，也只能咬牙把自己关在图书馆里学习。为了尽量兼顾和平衡工作、家庭和学习，我制定了详细的计划，合理安排时间。我学会了在早晚出勤途中以及午休时分，抓住碎片时间学习；学会了在照顾孩子的间隙，尤其是傍晚陪着孩子们学习时，自己在一旁演算习题、复习知识点。

功夫不负有心人，经过又一年的努力，二战的我终于如愿上岸。当我收到拟录取通知的那一刻，我的心情在高兴之余反而格外平静。当千帆过尽，那所有的努力和付出都得到了回报。

考研的经历让我深知，改变的勇气是面对困境时的无畏冲锋，是在挫折中重拾希望的曙光，是为梦想执着奋斗的坚韧。它让我在职场、家庭与学习的平衡中找到自我，在生活的重重考验里书写属于自己的华章。

04 当我手握"改变的勇气",便拥有了人生的强大武器

在我们的日常生活中,改变无处不在。它可能是一个新的工作机会,一次搬家,或者一段新的人际关系。每一次改变都是一次挑战,都需要我们勇敢地迈出那一步。

回首往昔,改变的勇气是我披荆斩棘的利刃。减肥时,我战胜美食诱惑与身体惰性;职场中,我突破认知局限与经验不足;考研时,我克服时间精力短缺与考试失利挫折。每一次改变,都让我脱胎换骨,成就更好的自己。

改变的勇气需要在实践中不断磨炼。我学会了从失败中吸取教训,总结经验,不断完善自己,也一次次相信自己的能力,相信自己能够克服困难,实现目标。当我们拥有改变的勇气,就能在面对困难和挑战时,不退缩、不放弃,勇敢追逐属于自己的高光时刻。

如今,我怀揣这份勇气,继续前行。未来之路或许依旧荆棘密布,但只要拥有改变的勇气,便能踏平坎坷,拥抱无限可能。改变的勇气,能陪伴我们去迎接生活中的每一个挑战,去实现自己的每一个梦想。在改变中成长,在成长中收获,在收获中继续前行。愿我们都能如勇敢的水手,在人生的海洋中乘风破浪,驶向梦想的彼岸;愿改变的勇气,能成为我们人生最强大的武器,引领我们书写属于自己的辉煌篇章。

小毅写作

勇敢迈步，用写作改变自己

- 读书博主
- 写作博主
- 《读点金句》推荐官
- 《从零到日更2000字快乐写作课》讲师

每个人都有自己的成长课题，我也是如此。

几年前，我在努力寻找自己对于"活出成功与喜悦的方法是什么"的答案。我问自己：如何才能实现理想的境地？

01 开启写作挑战

我内心在呼唤答案，呼唤活出成功与喜悦的方法。就在这时，我很幸运地参加了一个培训，培训内容提到朱永新教授的成功保险。即只要能够坚持每日三省己身，写作一篇千字的文章，坚持10年一定会成功。如果不成功就可以携带3650篇，365万字去理赔。

这种给成功买保险的方式太新鲜了，我真的是非常喜欢。这就是我一直在寻找的成功之道，而且是有保障的成功之道。

然而，我自己内心却有点怀疑：我有时间每天都写作吗？我能每天输出1000字吗？我有这么多东西可以写吗？

在自我评估中，在不断掂量着付出与收获中，是对成功的渴望，这让我突破了所有的犹豫与怀疑。最终，我决定要正式"投保"，每天开始写作1000字的文章。于是，从2021年12月18日起，到今天，我坚持每日写作，从未间断。

我为自己感到骄傲，我也认识到：只要我们有勇气去迈步，我们就会看见更为强大的自己。我勇敢地迈步，开启了每日写作，这让我遇见更坚韧的自己，写作也逐渐成为我的生活方式。

02 公众号写作

我从2021年12月18日开始,每日写作1000字。我一边写作,一边也关注其他优秀的作者作品。恰巧,我遇到一位写作同仁,她跟我年龄差不多,她边创作边公开发布自己的文章。在阅读她的文字后,我渐渐熟悉了她。在她的友情指导下,我决心也开设自己的公众号。反正都是每天写作,公开了还能分享出去,创造更多的价值。在这样想法的驱动下,我开启了公众号写作。

那是2022年6月底,也就是我开启每日写作的半年后。

在开启每日千字写作时,我没想到自己会开通公共写作平台。是内心力量的召唤,让我不断迈步,勇于尝试,超越自己,这就是勇敢迈步所带来的美好变化。

开通公众号写作后,我的作品有了读者,我也在公开写作的过程中,提升了自己表达的勇气及信心。因为要展示给大家看,我意识到提高写作技能的重要性,一定要尽量好一点;我也了解到,公众号写作是一种自媒体写作,也是在打造个人品牌,因而接触了相关的知识。

这是我开启千字写作、公众号写作后学到的。新鲜事物的不断涌现让我明白:当你勇敢迈步,敢于改变自己时,你会遇到更大的世界,你会惊喜地发现不一样的自己,进而你会不断超越自己,实现人生跃迁。

03 写作改变人生

我是个爱看书的人,通过公开写作,我了解到读书、写作等赛道的一些变现故事。我想:既然自己每日都写作,那么我也可以开启读写赛道,让自己成为优质博主,从而让副业变现,享受写作的多重收获。

我开始学习一些自媒体变现书籍、知识,其中弘丹老师的《读书变现》一书给了我很大的鼓励与帮助。

弘丹老师的《读书变现》,讲述了弘丹老师读书、写作的故事,介绍了自媒体运营的一些干货知识。这本书增加了我对个人品牌的认识,弘丹老师的行动力、坚毅力触动了我,她给我写作之路带来了很大的激励与信心。

恰巧,我了解到,弘丹老师要于2023年7月在武汉举行《读书变现》读者见面会。出于对《读书变现》的热爱,以及对弘丹老师的喜爱,我热切期待着这场见面会。

我亲临现场,聆听弘丹老师现场的分享。弘丹老师那勤奋、坚毅、果敢的品质又一次触动了我。我从弘丹老师的故事中得到激励。分享会上,弘丹老师提到自己的写作生涯是从早起写400字日记开始,我决心也要早起写作,抓住晨起后的黄金时光。

以前,我的写作时间并不固定,听了弘丹老师的分享,我决心把写作定为晨间任务。直至今日依然如此,我内心充满成就感、轻松感、愉悦感。

正因为我勇敢迈出一步,去武汉参加线下会,我才养成了尽早完成写作任务的习惯。这就是勇敢迈步、勇敢行动的美好收获。

感谢这次相见，我因而加入了2024年弘丹写作社群，开始跟随弘丹老师学写作，享受弘丹老师的陪伴与赋能。

在弘丹老师的写作社群中，我收听了很多优质写作课，让我对写作、对新媒体创作有了更多的理解，提升了我的写作技能水平。近来，我非常喜欢用DeepSeek赋能写作。

写作也在慢慢改变我的生活。复盘写作的习惯提升了我的思考能力，我的思想更加通透，行动更加高效。复盘写作的习惯，也得益于弘丹老师的武汉见面会。弘丹老师讲课结束后，就对我们说："请大家根据今天的所得，现场写一写复盘：刷新认知的三点，最有启发的三点，以及三条行动计划。"

我认真地梳理听课所得，写下自己的思考复盘。经过总结，我开心地看到自己收获满满，我下定决心去践行行动清单，提升行动力，勇敢改变自己。

通过这次复盘写作，我认识到：我们不仅要沉浸学习，更要去进行复盘。通过总结、反思，我们可以梳理自己的所学所思，记住成功的、美好的体验，内化于心。

武汉读者见面会后，我体验到复盘写作的强大力量，这让我爱上了复盘笔记。如今无论是读书，还是每日工作结束，我都喜欢写写复盘笔记，总结心得，列出行动清单。这让我活得更加通透、轻松。

坚持写作培养了我的坚韧品质。我们知道，生活中可能会遇到一些特殊情况，如身体不适或者情绪不大好，时间紧张等情形。然而，下定决心每日写作1000字后，我就咬定这个目标，雷打不动。我克服了所谓的特殊情况，坚持每日写作，从未间断。这个成就事件，给我一个重要启发：我们要去坚定目标，行动起来。坚持行动，我们会收获喜人的成果，而那些所谓的困难，反而提升了我们的毅力，让我们更加笃定、平静、坚韧、勇敢。

我们都知道，写作是一种输出行为，在我们不断输出中，会有写不出来的情况。这时，我们会认识到，大量的输入非常重要。为了实现每日写作1000字的目标，我自然地要大量输入，这包括多读书，积累素材，还包括多关注生活、关注热点，让自己有话题可写，当然还包括多旅行，增长见识，不断积累写作灵感……

可以说，写作丰富了我的生活，让我的生活更加充实，精神世界更加富足。

弘丹老师说，我们是内容的创作者，在打造个人品牌中，其实就是好好生活。写我所做，做我所写，分享美好生活，成就美好生活。

04 开启新的写作高度，让更多人看到自己

今年，我继续跟弘丹老师学写作，享受弘丹老师写作上的赋能与陪伴。

2025年，跟随弘丹老师的写作步伐，我把自己年度输出量设定为50万字，我计算了一下，决心每日输出2000字，超额完成。

刚开始制定这样的计划时，我也没底。我想：每日写作1000字，已经是努力而为，如今直接加倍，我有那么多内容可写吗？

后来，我开心地发现，我真的很顺利地实现日更2000字。这些日子，写作目标是这样实现的：其中1000字是公开写作，分享自己读中

华经典的心得笔记，另外1000字是个人写作，写写每日复盘、成功日记、感恩日记等。我真的实现了写作输出量的跃迁。

在公众号原创文章达到1000篇之际，我又勇敢迈出一步：开启合集《改变的勇气》一书创作。这是对我写作之路的一次梳理，也是送给自己的一份礼物。我还把自己的经验总结成写作课程：《从零到日更2000字快乐写作课》，这其中包括AI写作技能等，可以帮助更多人爱上写作，高效写作。

我还给自己树立了更高目标：公众号原创文达2000篇时，要出版自己的独著书。

人生就是一场旅程，我们要勇于倾听内心的声音，迈出第一步。我很开心自己勇敢开启写作之旅，这让我看到了不一样的风景，发现了更广大的世界，也让我活出了更精彩的人生，成为一个精神富足的人。

感谢写作，让我更加从容地面对生活、工作，遇见更加美好、幸福的自己。

白禾

三次改变，从怯懦走向自洽

- 国家二级心理咨询师
- 中级社会工作师
- 中级家庭教育指导师
- 社会工作实践者

人生真正的突围，是在认输与较劲的夹缝中，找到属于自己的一线天光。

——题记

01 举手之间，藏着一生的勇气

12岁那年，阳光斜斜地洒落在教室后排。我蜷缩在角落，紧张的情绪让空气仿佛凝固，我手脚发凉，死死攥着那本皱巴巴的语文课本，纸张被揉得几乎要破碎。

"今天我们学习《桂林山水》，有同学想朗读吗？"张老师温和的声音响起。刹那间，我的右手像被两种力量拉扯——既沉重如铅，又轻盈似羽。在内心激烈的挣扎中，它终于缓缓举过头顶，那一刻，我清晰地听见血液在耳膜中汹涌冲刷。这简单的一举，承载着我从未有过的勇气，让我初次体悟到，改变需要破茧的力量。

小学四年级的我，是教室里的"透明人"。课堂上，即便心中有答案，也会把脑袋埋得低低的；下课时，同学们在操场上欢腾，我却总是默默缩在角落。但没人知晓，放学后，我会站在房间里的镜子前，一遍又一遍地朗读《海燕》，那些充满力量的文字从口中吐出，我仿佛化身为勇敢搏击风浪的海燕；或是深情朗诵《再别康桥》，优美的诗句如潺潺溪流，淌过我年少敏感的心。这些被锁在房间里的声音，是我年少时盛大的独幕剧，绽放着独属于我的光彩。

当张老师喊到我的名字时，我的心提到了嗓子眼。手中的课本微微颤抖，起身时双腿发软，走向讲台的每一步路都似有千斤重。站上讲台的一刹那，奇妙的事情发生了——我仿佛被牵引至漓江之畔，清凉的水波漫过脚背，阳光透过斑驳的树叶，在书页上欢快跳跃。我的情绪随着文字自然起伏，声音越发洪亮、富有感情，每一个字都从心底最柔软的地方流淌而出。

朗诵结束，掌声响起。后排曾嘲笑我"胆小鬼"的小胖，塞给我一张皱巴巴的纸条："你读得像广播里的主持人，太棒了。"那天放学，我破天荒地走在队伍最前面，夕阳将影子拉长，脸上的暖意不仅来自阳光，更来自内心的自信。心底那只蜷缩的小怪兽被驱散，突破恐惧的感觉，如同给心插上了翅膀，我第一次体会到改变带来的轻盈与畅快。

现在想来，从心理学角度看，这正是"暴露疗法"的雏形——当我反复在镜前练习朗读，本质上是在构建新的"安全区"。每一次突破恐惧的瞬间，大脑就会重新评估"危险等级"，逐渐将"表达自我"编入本能反应程序。这印证了积极心理学中的"小步原理"——微小的持续行动，能带来巨大的人生转变。

此后，我开始主动参与各种活动：主持文艺汇演、表演校园短剧，曾经的怯懦渐渐消失了，我从原先的"小透明"一跃成为"校园小明星"。

02 撕掉标签，才能看见自己的光

24岁那年的春天，校园里弥漫着清新的花香，一切都充满了生机与希望。此时，两份命运的邀请函在抽屉里静静对峙。母亲的叮嘱顺着电话线缠绕成茧:"女孩子当老师多安稳。"作为独生女,为了让父母满意,我听从了他们的安排。

　　成为老师后,多少个深夜,我坐在台灯下批改作文。红钢笔像一柄锈剑,每次落下都切割着某种无形的东西。台灯将墨水晕染成暗红的痂,当看到学生写下"我的理想是当收银员",并下意识地画满红叉时,我突然惊醒:这不正是我被束缚的人生倒影吗?那些被我用"正确"标尺裁剪的句子,何尝不是我不敢触碰的真实自我?凌晨两点的扫地声像命运的鼓点,敲醒了困在他人剧本里的我。

　　辞职那天,天空飘着雨,冰冷的雨滴打在身上。年级主任的叹息在走廊里回荡:"你会后悔的。"但我心意已决。抱着装满个人物品的纸箱走出校门时,一个学生跑过来,塞给我一颗薄荷糖:"老师,你讲故事的时候眼睛会发光。"薄荷糖在舌尖化开,那清凉的甜意让我想起:真正的成熟,是学会用"值得"替换"应该"。

　　待业的日子里,生活像是一场漫长的跋涉。我蜗居在狭小的合租房里,疯狂地投递简历,却一次次被拒绝。那段时间,我常常做梦,梦中花园里温暖的阳光与现实中出租房的冰冷,形成强烈反差。直到有一次,在面试"项目主管"岗位时,面试官说:"我看到你眼睛里有光芒。"邀约如愿而至。

　　我终于明白,社会用"安稳""合适"编织的期待之网,常常以爱的名义束缚我们。运用生涯规划中的"价值观澄清法",我开始重新绘制人生地图——原来真正的清醒,是学会分辨他人眼中的"应该"与我们内心深处的"渴望"。就像种子必须冲破土壤的禁锢,人生的每一次蜕变,都需要经历打破常规的阵痛。

03 扎根泥土，才能触摸星空

35岁生日那天，HR的电话与二宝的啼哭同时响起。一份与现有工作体系完全不同的社区项目主管邀约摆在面前，那一刻，我突然感觉到一种对未知的恐惧和期待。12岁举手时的紧张，24岁转身时的决绝，仿佛在此刻交织成一条清晰的脉络，我知道，这是命运对我的又一次考验。

第一次组织社区活动就遭遇暴雨。我浑身湿透，冲进活动室，却看到6位妈妈正拿着吹风机烘烤被雨淋湿的宣传单。"白老师，我们知道你是真心想为大家做实事。"她们笑着把热风吹向我，那一刻，水蒸气在玻璃窗上凝结，朦胧中仿佛勾勒出春天的模样。

在城中村家访的夜晚，单亲妈妈艾丽热情地将我们迎进屋。她家中的家具虽然陈旧，屋子却收拾得一尘不染。交谈时，她突然拉开窗帘："你看，我们这破旧的地方，也能看到星星。"这时，她上小学的女儿正在朗读《桂林山水》。那稚嫩的声音，让我忽然想起12岁时的我。同样的文字，在不同的喉咙里能生长出不同的力量，原来勇气真的会像蒲公英的种子，在时光里不断迁徙、生根。

在"微光守望"项目中，我运用家庭系统理论，引导妈妈们组建情绪互助小组。曾因产后抑郁封闭自我的李黎，在倾听他人故事时突然落泪："原来我的痛苦不是孤岛。"而她在分享育儿经验时眼里的光芒，同样治愈着在场的每一个人。这也印证了社会工作倡导的"增能理论"——真正的改变从来都是双向奔赴的成长。

项目庆祝会上，曾经避而不见的刘阿姨主动走上台，脸上带着羞涩与自信："以前，我觉得心里长满了野草，堵得慌。但现在，我的内心很平静。"台下掌声雷动，我忽然懂得，社会工作不是单方面的付出，当我们俯身倾听时，那些温暖的回应也在修补着我们的灵魂。所谓成长，就是在帮助他人的过程中，完成对自我的重塑。每个善意的举动都会产生涟漪效应，最终汇聚成改变的洪流。

04 终章：在持续突围中走向自洽

如今给二宝讲故事时，他总夸妈妈讲得"活灵活现"。他不知道，这个声音曾酝酿整个上午才敢发出，他的妈妈也曾无数次在岔路口徘徊。

梧桐叶沙沙作响，如同12岁放学路上的乐章。从克服个人恐惧的"自我突围"，到突破社会期待的"认知突围"，再到通过助人实现价值的"精神突围"，这三次改变如同阶梯，带我从怯懦走向自洽。每一次看似独立的选择，都在为下一次突破积蓄能量，它们共同构成了我完整的成长图谱。

学生给的薄荷糖纸，我一直夹在日记本里。待业时最迷茫的夜晚，我会把它展开又折起，清凉的甜意总让我想起那个下雨的下午——原来所谓坚持，就是在苦涩里反复咀嚼希望的味道。

那个怯懦的小女孩永远留在了夏天，但她举手时迸发的微光，却照亮了后来所有至暗时刻。人生如漓江水，平静处暗藏波澜；真正的突围，不过是把无数"破碎"拼成星空，在认输与较劲的夹缝里，活出忠于自己的形状。

突围不是瞬间，而是一个个习惯和行动的叠加。

改变=微小勇气×重复次数×时间。

自洽是动态的平衡。

每个阶段的"正确选择"都可能成为下一阶段的枷锁,真正的成长是永葆重新开始的勇气。

唐亚

被命运发烂牌的人，如何打出王炸人生

资深上海落户顾问 ●
深耕儿童阅读11年 ●
高级家庭教育指导师 ●

22岁的我，蜷缩在上海郊区一间潮湿的出租屋里，盯着天花板发霉的裂缝。毕业即结婚，怀孕即失业，丈夫沉默，婆婆强势，人生像被按下了暂停键。那时的我并不知道，这段至暗岁月，恰恰是我人生的隐藏彩蛋。

10年后，我站在500人的舞台上，台下掌声雷动。曾经连奶粉钱都要借的绝望家庭主妇，如今是家庭教育指导师、公司负责人，丈夫在台下红着眼眶鼓掌，两个孩子骄傲地高喊"我妈妈最棒"！

这世上从没有天生的王者，只有把烂牌重新洗牌的勇者。

01 两度的抑郁，不堪回首的过去

正常人只有一个爸爸和妈妈，而我在结婚前就有两个。前33年我得到的不是双倍的爱，而是双倍的痛苦。童年的大部分痛苦来自两个妈妈，两个女人之间具体发生了什么，我不清楚，但每次躺枪的都是我。养母每次受了委屈，我都不免被一顿输出，童年的记忆里充斥着养母的哭泣和唠叨。小时候的我很爱她，总想着长大后要保护她。她对我很好，总是把我打扮得漂漂亮亮的，不输给村里任何一个孩子。她对我也不好，总是用精神PUA我。

小时候的我很自强，为了证明自己跟别人一样，学习特别努力，经常是班里第一名。进入初中开始，每次听到养母跟养父，以及亲生父母吵架，我都特别讨厌自己，觉得都是因为我才引发了他们之间的矛盾，因此上课总容易分神，成绩直往下掉。小小的我很爱他们，每次生日许愿，都是请老天爷保佑我的父母们不要再发生矛盾。跌跌撞撞进入了高中，面对学业的压力，心里每天都充满了纠结和不安。"我是多余的，我不配拥有爱"在脑中无限循环，很多次我都想选择结束生命。高三结束前的两个月，我悄悄收拾了书桌回家。白天睡觉，晚上活动，见到人就不自觉地流泪。学了心理学之后我才知道，那时候的我是抑郁了。

或许逃离这个城市一切都会好起来，我带着这个希望参加了高考，选择去800公里外的西安上学。走得再远，依然逃不过养母的锁心术。当她用可怜的声音说："我想你了，你怎么都不打电话回来……"那一刻，我破防了，我做不到不管她，最终还是选择了"回家"。

相亲认识的李先生是父母眼中的"理想对象"，决定和她结婚的那一刻，我准备好了认命，碌碌过完余生。2013年夏天，我们在上海嘉定开始了婚姻生活。孕期的我，每天重复着遛弯、洗涮、绣十字绣的单调日子。丈夫的沉默比争吵更令人窒息，我们最远的出行不过是去嘉定城区。

经历72小时的生产折磨后，我对孩子不是喜欢，而是厌恶。当他被抱来吃奶时，我不耐烦地摆手："拿走拿走。"生完孩子四五个月，腰一直痛得直不起身，李先生却轻描淡写地说："你就是睡多了。"在那些辗转难眠的夜里，结束生命的念头无数次出现，抑郁再一次侵蚀了我。

02 孩子的成长，点燃我奋斗的心

5个月大的儿子躺在床上，肉嘟嘟的小手在空中挥舞。当他突然转向我，咧开无牙的小嘴绽放笑容时，那双明亮的眼睛像是暗夜里的星辰。那一刻，一股暖流涌遍全身——这个小生命，将成为我重生的理由。

我开始每晚为他讲睡前故事。他专注的眼神和渐渐沉重的眼皮，成了我最珍视的治愈时刻。奇妙的是，当我决定为这个小生命振作时，连身体都开始配合着好转。在孩子6个月大时，我鼓起勇气借来3万元，盘下一家街角的服装店。虽然频繁的进货迫使我提前断奶，半年后店铺就黯然转手，但这次尝试让我触摸到了久违的掌控感。

后来，我进入一家英语培训机构担任课程顾问。办公室里光鲜亮丽的同事们让我自惭形秽，特别是那位与我同期入职、英语专八的本地姑娘，她的业绩总是让我望尘莫及。整整两个月，我都在被辞退的恐惧中度过，直到偶然发现电脑里前任校长的谈单录音。我反复聆听、逐字抄录，用《刻意练习》的方法拆解每个提问技巧。我开始主动关心在读学员，真诚倾听他们的进步故事。渐渐地，这些学员成了我的朋友，还常常给我带好吃的。再谈单时，我学会了用专业而温暖的方式为客户规划，用真实案例打动人心。第3个月，我意外夺得新人王，当转介绍客户越来越多时，我明白了一个道理：真诚，才是最好的销售策略。

2019年秋，我暂别职场，带着父母和孩子游览北京，实现了父亲瞻仰毛主席纪念堂的心愿。这次休整后的人生转向颇具戏剧性——我意外进入落户服务行业，恰好避开了后来教培行业的"双减"风暴。

2021年9月，在客户朋友的鼓励下，我创立了自己的公司，致力于帮助沪漂一族实现落户梦想。创业之路充满挑战，但我始终秉持两个原则：保持真我，利他共赢。每一次转型都是蜕变，每一次选择都在向着更好的自己迈进。

03 拯救孩子，疗愈自己

无数次在温暖的灯光下，我和儿子依偎在一起，沉浸在书页翻动的沙沙声中。那些亲子共读时光，如同播撒在心田的种子，让他的心灵花园绽放出惊人的知识之花。他的谈吐间常常闪烁着超越年龄的智慧光芒，那些从书海中汲取的珍宝，让他的小脑袋装满了令人惊喜的见解。

然而，当夜幕降临，作业本摊开在书桌上时，我们却总陷入另一番光景。2023年那个蝉鸣悠长的暑假，上海市儿童医院的诊断书像一片突然飘来的乌云——专注力缺陷与书写障碍。医生淡淡地说："专注力缺陷就吃药。"

我拿着医学诊断，心中五味杂陈。吃药？我不接受，一定有别的办法。于是，我开始了一场寻找答案的旅程——书店的心理学专区遍布我的足迹，深夜的台灯下堆满教育书籍，学校的每一次讲座我都认真聆听并勇敢加讲师微信寻求帮助。但那些方法就像不合脚的鞋子，始终无法让我们舒适前行。

直到9月，班级群里那则公益课通知像一束光照进我们的生活。我怀着将信将疑的心情走进课堂，在《爱的五种语言》那节课上，老师的话语如清泉般流入心田。当讲到"肯定的言辞"时，我突然明白，原来我一直在用批评浇灌他的作业时间。

回家后，我试着用欣赏代替责备，没想到短短一周，他的眼神里就开始闪烁出不一样的光彩。最震撼的是那堂夫妻关系课,当老师讲到如果想让你的孩子考上哈佛,那就去爱你的另一半时,更是让我醍醐灌顶。于是,我主动问授课老师,如何能成长得更快?他微笑着温和地说:"越承担,越成长,以教代学是最快的成长方式。"我认可想拿好的结果,就是复制成功者的路径。在那个双十一,我给自己送了一份最好的礼物:付费学习。12月底,我参加了智慧父母实践课堂。在那个课上画原生家庭图的时候,我突然明白,这33年我一直在寻找被爱的感觉。原生家庭的痛苦,造成了我婚姻关系的不和谐,婚姻的不和谐,又导致了我孩子的不幸。而这一切并不是父母故意带给我的,他们也有诸多的不容易,当年他们没有能力爱我,但如今我可以选择爱他们。

04 学习并传播家庭教育,重塑人生

重复学习、反复实践、教授他人,从知道到做到。去年元宵佳节,当万家团圆之时,我选择暂别家人,全身心投入为期两天的智慧父母实践班,并主动承担起主持人的重任。正是这份责任,让我以加倍专注的态度聆听讲师的每一句话。当听到"我们可以成为改变家族命运的人"时,一颗信念的种子在我心中生根发芽,我立志要改变家族命运,让不幸的轮回彻底从我这里终结!

看好的、说好的、做好的、得好的。今年2月15日,当李先生在智慧父母实践班的舞台上动情分享:"感谢我老婆对我的包容、理解和支持,是她坚持学习家庭教育,改变了我们的家庭氛围,改变了我们的家庭命运……"所有过往的艰辛都化作了幸福的泪水。

传播家庭教育让我收获了名（荣誉）、利（经济回报）、子（智慧的孩子）。从最初与朋友的一对一分享，到走进社区、学校开展公益讲座；从独自授课到带着孩子们共同参与——儿子成为小讲师，女儿担任小助手。我始终秉持"能帮一个是一个"的信念，因为懂得风雨中的无助，所以更愿为他人撑伞。

上周刚结束500人场活动总负责的工作，次日便走进儿子的学校给孩子们讲《两弹功臣邓稼先》；同一天收到女儿幼儿园园长的推荐，被妇联主席邀请参与儿童阅读项目建设；昨天又收到去嘉定区一个科研院所分享阅读的邀约。一年半时光，我的足迹已触及1500多个家庭，引领近百位家长深度成长。而"助力百万家庭幸福"的愿景，正在一步步照进现实。

回首来时路，我深深认同杨绛先生的洞见："曾如此渴望命运的波澜，到最后才发现，人生最曼妙的风景，竟是内心的淡定与从容。我们曾如此期盼外界的认可，到最后才知道，世界是自己的，与他人毫无关系。"

因为一次次勇敢的改变，我找到了通向幸福的阶梯。我相信读到这里的你也可以！

 昂刚

跨越山海,
终成讲台追光者

- 芜湖市楹联学会理事
- 安徽省摄影家协会会员
- 坚守艺术文化与教育研究方向多年
- 帆书(原樊登读书)知识顾问兼活动讲师

站在市图书馆明亮的阶梯教室里,看着台下三百多名听众专注的目光,我轻轻扶了扶话筒,用略带湿润的眼睛望向窗外的暮色。这一刻,脑海中无数记忆碎片如潮水般涌来——从20年前课堂上那个颤抖着回答问题的少年,到如今能够在讲台上侃侃而谈的分享人,这段跨越山海的成长之路,承载着太多不为人知的汗水与坚持。

01 萌芽:一颗梦想的种子

记得小学二年级的语文课上,阳光透过斑驳的梧桐叶洒进教室,当语文老师点我回答问题时。那一刻,我的双腿止不住地颤抖,站起身后,声音也不受控制地发颤,结结巴巴地吐出几个字,惹得全班同学大笑。我满脸通红地坐下,恨不得找个地缝钻进去。但奇怪的是,这份窘迫不仅没有让我对课堂产生恐惧,反而在我的心底点燃了一团火——我渴望有朝一日,能像老师那样,从容自信地站在讲台上,用知识和智慧点亮人生。

怀揣着这个梦想,我在学生时代始终保持着对知识的渴望。课堂上,我总是认真听讲,积极思考;课后,我泡在图书馆里,第一时间完成各项作业,如饥似渴地阅读各类书籍。语文是我的心头好,也让我抓耳挠腮;不想写语文作业,但偏偏就爱上了写作。那些优美的文字、动人的故事,仿佛有着神奇的魔力,我沉醉其中。我开始尝试写日记,记录生活中的点滴感悟;模仿着作家的笔触,创作一些稚嫩的诗歌和散文。虽然文笔青涩,但每一次写作,都让我离讲台梦更近了一步。

大学期间，我毫不犹豫地选择了计算机专业。在许多人看来，这个选择与我的讲台梦似乎背道而驰，但我有自己的考量。我深知，在这个数字化时代，掌握计算机技术能够为教育带来更多可能。我也不想放弃对文学的热爱，于是在专业学习之余，我一头扎进了写作的世界。

起初，面对专业的计算机知识和写作之间的巨大差异，我感到有些无所适从。但强烈的兴趣驱使我不断探索，我开始大量阅读文学作品，从经典名著到当代佳作，广泛涉猎不同的体裁和风格。我还养成了写读书笔记的习惯，摘抄优美的语句，分析作品的结构和写作手法。在阅读的过程中，我逐渐找到了写作的灵感，开始尝试撰写读后感。每完成一篇，我都会反复修改，甚至向专业老师请教，希望能得到他们的指导和建议。

02 探索：在跨界中寻找属于自己的方向

2016年，互联网的浪潮席卷而来，自媒体蓬勃发展。看着身边的人纷纷在网络上分享自己的观点和生活中的点滴，我心中一动，萌生了开通个人公众号的想法。我想，这或许是一个展示自己文字、与他人交流的好平台。

然而，当我真正开始运营公众号时，才发现事情远没有想象中那么简单。首先面临的就是公众号的定位问题。我最初将它定位为活动总结类账号，可很快就陷入了困境——没有足够的活动素材可供撰写。为了填补内容空缺，我只能抽空参加各种能参与的活动，有时甚至一天要跑好几个场地，疲惫不堪。即便如此，内容的质量和数量依然难以保证。

在摸索了一段时间后，我意识到这个定位并不适合自己。经过深思熟虑，我决定重新注册一个公众号，专注于原创诗歌写作。我对诗歌一直有着浓厚的兴趣，虽然深知写诗并非易事，但还是满怀热情地投入其中。为了创作出更多作品，我开始学习写打油诗，还给自己定下了日更的目标。

但现实很快给了我沉重的打击。诗歌创作需要深厚的文学功底和敏锐的情感洞察力，仅凭一腔热情远远不够。我写出来的作品要么缺乏诗意，要么流于表面，连自己都不满意。而且，公众号的运营也比想象中复杂得多，从选题策划、内容撰写，到排版设计、宣传推广，每一个环节都需要耗费大量的时间和精力。一篇文章从构思到发布，往往至少需要三天左右，这让我根本无法实现日更的承诺。无奈之下，我只好将日更改为周更。

尽管困难重重，但我从未想过放弃。我主动向一些诗歌领域的老师请教，将自己的作品发给他们，请他们批评指正。老师们耐心地指出我的问题，鼓励我多阅读、多观察、多练习，还推荐了许多优秀的诗歌作品供我学习。在他们的指导下，我逐渐找到了写诗的感觉，作品也慢慢有了进步。

03 沉淀：在热爱中默默前行

在努力运营公众号的同时，我始终没有忘记自己的讲台梦。大学一年级，我就踏上了考取教师资格证的征程。那段时间，我白天忙着学习专业课程，晚上便一头扎进教资考试的复习资料中。我制订了详细的学习计划，每天背诵知识点、刷题，常常学到深夜。功夫不负有心人，毕业时，我顺利拿到了教师资格证书，那一刻，我仿佛看到了梦想的曙光。

然而，现实的道路并不是一帆风顺的。毕业后，现实的压力让我暂时偏离了教育轨道，进入了银行工作。但无论工作多忙，我始终保持着对文化教育的热爱：清晨通勤时听楹联讲座音频，午休时间在办公室练习书法，周末参与社区文化活动。在工作之余，我坚持阅读和写作，还积极参加各类文化活动。

2017年，我有幸加入了南陵县作家协会、南陵县摄影家协会、芜湖市摄影家协会、安徽省摄影家协会。在这里，我结识了许多志同道合的朋友，大家交流写作心得，玩玩摄影，写写书法，读读文学，谈谈教育，分享创作经验。通过与他们的接触，我的文学素养进一步提升，这也坚定了我用文字传递思想、传播文化的信念。

2018年底，我因工作原因奔赴杭州。尽管身处异乡，但我始终心系家乡的文化建设。在杭州的日子里，我利用业余时间学习先进的文化活动组织经验，希望能为家乡的文化发展贡献一份力量。2021至2022年，我多次返乡，与志同道合的伙伴筹备全民阅读协会。我们满怀热情地制订计划、策划活动，期待着能在家乡掀起一股全民阅读的热潮。

然而，突如其来的疫情打乱了我们的计划。线下活动无法开展，团队成员之间的沟通也变得困难重重，大家的热情逐渐消退。面对困境，我也曾感到迷茫和无助，但内心对文化教育的执着让我选择坚持下去。我独自在老家举办读书分享会，尽管参与人数不多，但每一次活动我都精心准备，希望能通过自己的努力，凝聚起更多热爱阅读的力量。

2021年，命运的齿轮再次转动——我有幸加入芜湖市级楹联学会，这里汇聚了众多楹联领域的前辈与高手，他们丰富的创作经验和深厚的文化底蕴，犹如一座亟待挖掘的宝库。学会组织的每一场楹联创作讲座、作品研讨会和采风活动，都成为我宝贵的学习机会。尤其要感谢芜湖市楹联学会的陶能林会长、奚之坤秘书长，他们以专业的指导和暖心的鼓励，在楹联创作、会务组织等方面对我进行了悉心培养，助力我不断成长。

"2021—2022，芜湖市楹联学会成立也不过一年，这一路走来，"见说不寻常，殊知不容易。"如今，《中江联苑》问世，将所见证的一年来不寻常说知于世，留存于世。不仅仅如此，《中江联苑》问世，还将携手江城所有爱好文艺同人，一起走向更不寻常的明天、明年……"（节选张双柱发刊词）

《芜湖历代楹联》编审会在学会办公室召开，会议对《芜湖历代楹联》初稿中的楹联资料进行了集中审阅，并对编辑分类情况进行了更进一步的梳理和完善。

最后，市委史志室主任石才良作总结发言中提道："要严把内容导向，确保楹联作品契合社会主义核心价值观；注重学术严谨性，强化楹联文献考证与分类逻辑；规范出版体例，力争呈现兼具文化价值与地域特色的权威文献，为芜湖文化事业添上浓墨重彩的一笔"。

04 蜕变：在讲台上实现文化传承

2022年，母校的邀请成为我人生的转折点。当得知要为学弟学妹做励志报告时，兴奋与紧张交织：这既是实现讲台梦的机会，更是传播传统文化的责任。第一次站在母校讲台上,我紧张得声音发颤,准备好的楹联故事也讲得磕磕绊绊。但看到台下学生好奇的眼神,我告诉自己:必须做得更好。

我开始系统学习演讲技巧,从肢体语言到情感表达,反复打磨每个细节。每次讲座前,我都会精心准备课件,将楹联文化与历史故事、现实生活相结合,力求让同学们更好地理解文化传承的意义。讲解"海纳百川,有容乃大;壁立千仞,无欲则刚"时,我通过讲述林则徐虎门销烟的故事,阐释林则徐的宽广胸怀与高尚品德;解读"风声雨声读书声,声声入耳;家事国事天下事,事事关心"时,引导同学们关注社会,培养家国情怀。同时,我还设计了楹联创作比赛、对联接龙、书法书写等互动环节,激发同学们的参与热情。一位初中同学创作的"课堂内外求知乐,校园春秋逐梦甜"充满青春气息,展现了同学们对学习生活的热爱,也让我看到了楹联文化传承的希望;解读杭州西湖楹联时,用VR技术带听众"身临其境"感受西湖美景。这些创新尝试让传统文化在年轻一代心中焕发出新的生机。

随着经验的积累,我的讲台从校园延伸到企业、社区。在企业讲座中,我结合楹联中的智慧讲解团队协作;在社区活动中,我教居民创作春联,感受传统节日的文化内涵。有位退休教师听完讲座后激动地说:"原来楹联里藏着这么多人生哲理,我要把这些知识教给孙子。"这些反馈让我深刻体会到了文化传承的意义。

05 追光:永不停歇的传承之路

回望这段跨越20年的成长历程,从课堂上紧张的少年,到能够在讲台上从容讲述文化故事的讲师,我走过的每一步都浸润着对教育与文化的热爱。计算机专业的学习赋予我创新传播的能力,楹联学会的经历加深了我对传统文化的理解,而无数次站在讲台上的实践,则让我找到了文化传承的最佳方式。

如今,我依然保持着每天学习文化与教育知识的习惯,书架上整齐摆放着《教师手册》《非智力因素与学校教育》《中国文学史》《南陵县志》《事实的想象与价值的重塑:<沧浪诗话>今译》等著作。在公众号上,我开设了"投稿在即"专栏,用通俗易懂的语言讲述现代诗歌、散文与小说。我还与母校合作开发专题讲座,让更多学生感受到文化与教育的魅力。

回顾过往,在楹联文化传承之路上虽取得些许成绩,但我深知这只是起点。展望未来,学会2025年的工作计划勾勒出楹联文化发展的光明前景。"日月笙歌,看九州烂漫,吾飞梦想舒鸿志;山河锦绣,感万里芳菲,诗著精神写性情",作为学会一员,我将积极投身各项工作。学术研究上,深入钻研理论知识,探索楹联与现代文化融合点,撰写研究文章;推广工作中,创新活动形式,设计趣味互动环节,结合地域特色创作楹联;新媒体宣传与书房建设方面,精心策划内容与活动,为楹联文化传播贡献力量。

站在新的起点,我深知文化传承之路任重道远。未来,我希望将人工智能技术与楹联创作结合,开发出智能楹联创作辅助系统;策划更多沉浸式文化体验活动,让传统文化真正走进人们的生活。我坚信,只要心中有对文化的热爱,脚下有坚定的步伐,无论跨越多少山海,终能成为照亮文化传承之路的追光者。

 文华

我命由我不由天

- 女性国学智慧成长导师
- 心理咨询师
- 生涯规划师
- 高级家庭教育指导师

改变就在一瞬间，千里之行始于足下，世上无难事，只要肯登攀，明确目标，坚定信念，持之以恒的行动，你就是创造者。在漫漫的人生长河中，我们每个人都是自己命运的主宰者。很荣幸借这次出书，梳理自己的人生过往，希望通过我的成长、挑战和蜕变的励志故事，能与看到此书的读者共勉，一起创造更加美好的未来。

01 逆袭的起点：母爱的觉醒

在36岁之前，我无数次在深夜中叩问内心："我还有时间去做真正的自己吗？这份工作，真的是我热爱并愿意奉献一生的吗？我的快乐，究竟被生活的琐碎挤到了哪里？"这些疑问，如暗夜中的潮水，时不时拍打我的心岸。

我出生在河北唐山的一个小山村，属于北京首钢家属村，算是我人生中的小小幸运。爸爸是普通工人，妈妈则是为了家庭默默付出一切的传统女性。我在妈妈的宠溺中长大，拥有了一切最好的，却也因此失去了追寻梦想的勇气，我以为可以一直在妈妈的庇护下幸福生活。

然而2016年，命运给了我一记重击。妈妈患了无法治愈的重病，临终躺在医院的病床上，用微弱的声音告诉我："我这辈子啊……就想用一个能挂衣服的大衣柜。"那一刻，我崩溃到了极点，妈妈藏起的何止是一个衣柜的愿望，是整整半生的自我！

2017年，小女儿的诞生，让我对生命有了更深的感悟。深夜，我望着女儿熟睡的脸庞,心中涌动着无尽的思绪。我问自己:"我到底想要怎样的人生?我应该给妈妈一个怎样的交代?我又该如何成为女儿的榜样?"

我决定,我要改变,我要勇敢地追寻自己的梦想,活出真正的自我。为了女儿,也为了我自己,我要证明:女性,不应该只是家庭的牺牲品,更应该有自己的梦想和追求。这也是我写《改变的勇气》的初心。愿每位女性都勇敢改变,找回自己生命的意义和价值。

02 破茧之路:靠近光,成为光

世界是一面镜子,你内心什么样,世界呈现的就是什么样。人生的结果取决于什么时间,什么空间和什么人体验的世界。我确定我要彻底改变,我要靠近光,成为光。我要活成孩子的榜样,找到自己真正的人生方向。接着我做了几件事,让我的人生逆袭式转变。首先,我对前半生的职业生涯进行了复盘。

2008年攥着护士资格证踏上北漂列车时,心里揣着对世界的千万种想象。5年跨6行,从快消品到会计师事务所,从职场新人到创业妈妈,我像个执着的画家,用不停歇的尝试在人生画布上涂抹。别人笑我"折腾",只有我知道,每一次转身都是对自我边界的叩问,人生每一步都算数,不是因为它们指向正确答案,而是帮我们标记了错误选项。合上前半生的职业手账,当断则断的干脆,是对生命的郑重,就像蝴蝶破茧前需要褪去沉重的外壳。

2014年事业高峰期的我因为结婚回归家庭,相夫教子,退化为面目模糊的贤内助,然而,生活并不是童话,当手心朝上卑微而渴望地向丈夫伸手而拿不到的时刻，当你做的所有的家庭劳动在爱人嘴里一文不值的时候，我选择"中年叛逆，拿回生命的主动权"。于是2019年我走出家庭，致力于女性成长学习，从外在穿搭美妆护肤，到内修心理学的心灵成长，再到创业者财富思维成长，那个时候就有一种愿望，我想变得更加强大，变得更有价值，但是越学习越觉得自己空有外壳，有时候感觉穿梭在各行业精英行家里面，自己更像一个跳梁的小丑，装着有身份、有段位。我喜欢读书，在不断看书的过程中，汲取力量。有一天我看到一本书的内容是这么写——36岁以后的人生要学会做减法。我瞬间顿悟，我要找到我自己真正的生命意义和价值，找到志同道合的人，做一件长期有意义的事情。就在这时，我有幸遇到了我的第一位人生导师刘老师。

2021年4月，我踏入书院，被老师们的热忱与温馨深深打动，仿佛置身温馨大家庭。下午，近20位母亲围坐书桌旁，交流孩子与家庭，期盼着智慧父母沙龙的分享。刘老师如学士般文雅走上讲台，揭示了一套融合国学、教育学、心理学及右脑记忆演讲的智慧体系：每个人诞生时都携带着独特"密码"，人生轨迹都遵循着规律。

台下一位母亲满面忧虑，她的孩子在美国读高中，优秀却对选专业迷茫。家人希望孩子学金融，孩子却无意于此，母子争执，孩子竟拉黑母亲微信。刘老师根据孩子的天赋性格，建议孩子选择导演专业。母亲将这一结果用短信发给孩子一试，孩子没用30秒就把妈妈的微信加回来了，只说了一句：妈，您终于"懂"我了。母女敞开心扉，共谋导演之路。在场母亲皆欣喜，因读懂"人生密码"，彼此成良师益友。

这个孩子之后凭3.2万美元奖学金考入爱默生电影学院导演专业。我深感"懂"比"爱"更重要，若母亲从小被"懂"，或能成为杰出企业家；若我从小被"懂"，或已踏上艺术家之路。人生非剧本，无法随意修改。精彩人生需规划，卓越人生需导师引领。那堂课，我读懂自己，深受触动，渴望成为助人懂自己、懂孩子、懂家庭的导师，做好人生定位和规划，引领家族繁荣。

同时，唤醒了我对中华文化的敬畏。中华文化源远流长，蕴含上下五千年智慧。我矢志成为文化传承的实践者与传播者，让文化源自生活，更好的指引生活。至2025年，我已用此文化方案，陪伴见证1000余名孩子成长，从问题少年变中华好少年，有的孩子711分考入山东大学，立志成为物理学家；有的孩子成文化传承小使者，欲成为外交官，讲好中国故事。

更可喜的是，近4年来，我陪伴1000余名女性，见证她们"懂"得自己后洋溢的幸福。这，便是我长久且意义非凡的事业。

从追求外在美到国学文化深耕的5年，持续精进智慧导师能力，先后完成北大MBA深造和高级国学文化导师、高级家庭教育指导师、生涯规划师、心理咨询师专业认证。受公立小学邀请开展"国学文化进校园"活动，走进全国100家书院开展智慧父母、生涯规划、国风礼仪活动近100场；为餐饮、教培、瑜伽、茶馆、书店、大健康、金融、人力资源、建筑设计、商业协会、酒店、家具等行业进行文化赋能规划方案落地，助力实现3-10倍价值增长。这些脚印串起的，不仅是专业身份的叠加，更是从"追光者"到"发光体"的破竹蜕变——当外在的美逐渐沉淀为内在的智慧，当个人的觉醒化作照亮他人的火把，我终于懂得：所谓女性的成长，从不是孤芳自赏的绽放，而是像老树生花，让根系深扎的文化沃土，滋养出更多向上生长的灵魂，带着这份"懂得"，坚定地走向属于自己的星光大道。

03 乘风破浪：书写生命，输出个人品牌

长风破浪会有时，直挂云帆济沧海。每完成一个阶段性的成长，我就会给自己下一个突破的目标，人生，永远不要设限。因为你永远无法用头脑估量内心强大的自己。2024年6月，我发心在2025年能出一本书。其实小时候最怕写作文，因为我想的和我写出来的文字，表达的东西会变得不一样，以至于小时候写日记揉一团纸，再揉一团纸。学习了心理学才知道，这是潜意识和意识的不统一。当我决心用文字重塑人生时，命运将弘丹老师送至眼前。读着她从工程师蜕变为作家的故事，深受影响和倍感钦佩。今年5月，当《改变的勇气》联名计划开启时，我第一时间决定参与——这书名像为我而生。更惊喜的是，弘丹老师引荐了高价值IP品牌导师大黎老师，用"黄金五步法"帮我锚定使命：我将致力于成为"女性国学智慧成长导师"，让万千女性借文化智慧赢得尊严，让觉醒的价值超越百万估值。随后，我做了第一阶段规划，先帮助101位女性实现智慧蜕变，价值倍增，踏实积累真实的成长故事。未来我也将一步一个脚印践行在陪伴10001位女性，用文化打底，绽放充满智慧的生命价值，成为助力家族兴旺的导师，成为新时代国潮新女性的引领者。

知是行之始，行是知之成！当我们拿出改变的勇气，接下来行动就成了。成长的路上并不孤单，因为你会遇到越来越多志同道合的伙

伴一起，手拉手，彼此托举实现更大价值。

　　船，因为有帆而能远渡重洋；雄鹰，因为有翅膀而能在蓝天翱翔。人，因为有梦想而能铸就生命的辉煌。初心正，则人生正，初心大，则价值大。教育不是把桶里的灌满，而是把心中的灯火点燃。我愿做那个灯塔，照亮大家人生前行的路，拉起我的手，我们一起共创充满文化智慧的美好生活。

　　接下来的10年，我致力于陪伴热爱传统文化、追求终身成长的女性同行，一起从文化智慧中汲取力量，定制专属成长路径，在成为孩子榜样的路上，收获家族尊重与社会认可，逐步提升个人价值。期待与你并肩，让每一步蜕变清晰可见，成为自带光芒的智慧成长践行者，让向往的人生照进现实。

黄美瑜

怀抱梦想，勇于改变

- 民办高职学院财务处处长
- 美国俄克拉荷马城市大学教育硕士
- 音乐与儿童绘本故事爱好者

在人生的长河中,我驾驶着以梦为帆的生命之舟穿越命运的潮汐,将每个晨曦都化作铺向远方的航路。在长途的跋涉中,当暴雨打湿翅膀时,我攥紧掌心的星光,让汗水化作蝶变的鳞片,并深刻地体会到"破茧的勇气,就是光明本身"。

01 科技产品开启追剧女娃的世界之窗

我出生的年代正处于台湾从农业往工商业快速转型的初期阶段,在那个子女众多的贫困年代,"母亲"是万般辛苦的代名词。小时候为了帮母亲减负,我负责背着小妹妹玩,也曾带着大妹妹在田间放牛,当时的我们在放牛时常常会不自觉地在田野中高歌,忘记了劳作的辛苦。

此外,我也是个野台戏迷。台湾乡下的野台戏,无论是木偶掌中戏、皮影戏还是歌仔戏,我都很喜欢;常常外出追剧到深夜,因此屡次被生气的母亲关在门外。家中姐妹多,加上堂妹们,可以组成一台戏。我会引导妹妹们把自己的头发扎成发髻,并戴上装饰品,把家中的被单当成戏服,模仿歌仔戏中的人物做角色扮演。

后来,我们老家祖辈家族中的远房叔叔娶了一个媳妇,电视机是新娘的嫁妆,那是我第一次接触电视机这个舶来品。记得每次电视节目开播的时候,村子里的小孩子都会集中到叔叔家。观看电视节目是我最开心的事之一,看电视浏览新资讯开启了我探索世界的旅程。

02 共享单车助力梦想启航

十分务实的我从小就知道,只有尽快完成父母交代的农活,才能争取时间读书。初中时,我常在学校自习到深夜,甚至曾被值班老师催促回家。因父母不重视女儿教育,大妹妹初中毕业后便辍学打工,而我却幸运地得到了继续求学的机会。

母亲与我都是家中的次女,她连生5个女儿后才得儿子,因而在家族中地位不高。家境拮据时,她甚至要去炼油厂打工或向外公求助。尽管经济压力大,我仍坚持读书,最终考上高雄第一女子中学。然而,选择普通高中意味着无法立即赚钱养家,父母起初反对,幸有小叔支持,我才得以入学。

为了节省通勤时间,小叔想出一个办法:他白天骑自行车上班,晚上我放学后骑回乡下,清晨再骑去他家,赶6点的班车进城。他还时常关心我的学业。然而,城乡差距让我倍感压力,同学大多学过钢琴,而我连五线谱都看不懂;游泳课考试时,25米的自由式和蛙式让我窒息。有一次,我在周记里倾诉压力与焦虑,却遭导师责备,从此对中文兴趣大减。

大学联考首日,我因作文失利而沮丧,幸有小叔鼓励,第二天发挥出色,最终如愿升学。如今回想,那段艰辛却温暖的岁月,仍让我热泪盈眶。

03 从职场到海外留学

从民办大学会计本科毕业后,我从事审计及财务会计工作多年,其中历经会计师事务所、航空公司、美商公司等世界500强外企公司。基于德国总部的管理要求，在台德国业务与美国业务分公司合并到一处办公。人力资源与财务管理也整合归并，因此我有机会参加亚太地区的年度会议。

然而，1999年的夏天，我突然陷入人生的低潮，有段时间一直处在负面情绪中，无端的恐惧让我心力交瘁；我在痛苦的深渊中呐喊，却没有人能理解并帮助我。为了走出困境，我开始学习心理学，调整自己的步调，暂时放下高强度的财务工作，并接受加拿大多伦多友人的邀请，一起同游尼亚加拉大瀑布，并在温哥华短期游学近3个月。这期间台湾正好发生"9·21"南投大地震。大地震后好多人需要帮助。大妹妹及小妹妹当时还带着睡袋，跟着爱心救助机构，从台北南下到中部灾情最严重的南投县集集镇及埔里镇等地协助救援。

1999年年底，我游学结束后回台。2000年，我进入美商工程建设公司担任项目会计，与来自中国大陆、美国、英国、澳大利亚、菲律宾、泰国、新加坡、印尼及印度的同事一起工作。其中有位十分幽默的菲籍经理负责召开公共安全会议，参与讨论每周的安全议题。我发现外商企业高度重视员工的安全问题，认识到个人生命安全是家庭幸福的保障；也认识了许多优秀同事，与他们的交流不仅打开了我的眼界，也燃起了我出国留学的渴望。我的大妹妹青少年时期曾辍学，却先我一步实现了出国留学的梦想，还游历了欧洲多个国家。目前她在以色列耶路撒冷从事英语翻译工作，在工作之余，也实现了儿时无法学习小提琴的梦想。

大妹妹的改变再次激励了我。项目工作结束后，我选择在过了不惑之年的年纪，鼓足勇气到美国俄克拉荷马城市大学进修教育，并于2005年以荣誉学生的身份取得教育硕士学位。英国著名的音乐家、作曲家及歌手保罗·麦卡特尼（Paul McCartney）曾说："你所清楚预见的、热切渴望的、真诚追求的、全心全意去争取的，都会自然而然地实现。"深切渴望寻求改变的人对于这句名言可谓心有戚戚焉。

04 从企业到学校教育

准备托福考试期间，我在小学当代课老师。我能从农村走向世界，得力于初中求学阶段几位老师的帮助。加上过去在台北工作之余，我曾利用周末时间在慈善机构任志愿者教师长达15年，自己开始喜欢上教师这个角色。也曾思考改换就业赛道到学校工作，然而，现实很骨感，在台湾的老师就业市场竞争非常激烈，就连小学教师岗位都竞争得十分激烈。2011年，集团基金会的负责人问我是否愿意到贵州偏远的农村从事教育扶贫工作，于是我去了贵州农村一所台湾知名爱心企业家捐资创立的民办高职院校，担任财务处长职位。

2021年中秋节前夕，财务专业毕业的梁同学（他在学生时期就已经是惠水县作家协会的副编辑，个人创作了许多诗集等文学作品）为感谢学校的"公益办学教育扶贫工程"解决了他三年读书难的困境，在庆祝学校办学10周年之际，他主动找到学校的校长，提议为学校免费策划出版10周年纪念特刊。他到财务处向我邀稿，虽然写作不是我的专长，但听了他求学的感人故事后，我欣然同意为他写篇文章。中秋节假期，我花了一天的时间写下了我在贵州从事教育行政管理工作10年的经历，这是我第一次尝试投稿，还意外地收获了一笔稿费。为了提高学校教师的文艺素养,并提升美学教育水平,2022年5月,在杨校长的推动下,我跟着盲人音乐学院的学生学习钢琴弹奏,近3年来持续不断地学习,自己从一名钢琴小白,慢慢懂得了音乐节奏、节拍与和弦弹奏技巧。在取得心理咨询师资格证书后,我尝试结合心理咨询与音乐艺术,在学校开设特长课。

2024年我接触到弘丹老师的AI写作课程,跟着她学习使用AI提示词辅助写作;运用AI设计课程教案,快速生成PPT教学内容;利用AI进行快速阅读并提炼书中精华,这些大大提高了我的工作效率。我开始关注小红书等自媒体,在即将退休之际,勇于进行跨领域的学习与应用来挑战自己。

我还尝试用音乐及有趣的儿童绘本激发学生的创造性思维,秉着终身学习的理念继续深耕教育,帮助贵州的贫困学生通过音乐与阅读打开认知的大门,进而实现他们的梦想。

梦想不是奢侈品,而是必需品——它能在贫瘠的土壤里,开出最坚韧的花。知识是改写命运的笔,行动是翻越障碍的梯。改变,从一个小目标开始;自由,由无数个坚持铺就。

摩西奶奶说:"人生永远没有太晚的开始。"我们每个人都是自己最好的导演,扮好自己的角色,踏实筑梦,心在远方,路在脚下,机会永远留给准备好的人。在此向大家分享我怀抱梦想,坚持不懈,勇敢奋进的成长故事。希望我的人生故事能激励更多的人勇敢追梦,用行动创造丰盛人生!

茂菘

破茧成蝶是我前半生最好的"注脚"

第二军医大学硕士研究生 ●
新疆巴州人民医院心脏中心副主任医师 ●
退役军人 ●
中医爱好者 ●

"我们应当相信,每个人都是带着使命来到人世间的。"人生的路虽漫长,但紧要处往往只有几步。回顾自己的前半生,作为生而平凡的普通人,虽然走得很艰难,却也总能在贵人帮扶之下顺势而为,峰回路转,最终靠自己不屈的灵魂和顽强的奋斗开辟了一条充满荆棘与希望的成长之路,也活出了自己想要的模样。

01 学生时代:自己不辜负,老天都帮助

20世纪70年代,4月的一天清晨,我出生在沂蒙山区的一个偏僻小山村里,我的生命故事也从此拉开帷幕……

童年时的我,少不更事,傻傻的,极其简单却也快乐。记不起从哪天开始,每当两个姐姐放学回家做作业时,我就很喜欢围在她们身旁,总是好奇地问这问那,打破砂锅问到底,有时还会用手比画着模仿她们写字。不经意间,我对上学的兴趣和渴望就悄然萌生了。在我6岁那年,姐姐帮我报名上学。教室位于村东头公家的一间大房子里,教学设备极其简陋——一块大黑板,支起几条长长的宽木板就算是课桌了。每天早自习,天还不亮,没有电灯,只能点油松枝照明。冬天教室里没有火炉,就只能在教室里点一堆柴草烧火取暖。北方的冬天很冷,在那个缺吃少穿的年代,手指、脚趾、耳朵经常冻得红肿痒痛,这再平常不过了。

在那个年代,没有人逼我学习,更没有人教我学习方法。小学就只发两本书:语文和算术。课间和放学后是最快乐的时光,可以放开

了疯玩。就这样，我稀里糊涂地混了一学期，迎来了人生中第一次期末考试。这次考试我只考了几十分，现在已经忘了当时是什么心情，好像也没产生什么后果，充其量算是一次提醒吧。说来也蹊跷，我清楚地记得第二学期的某一天，不知怎的，早自习时自己竟跟着学习好的陈传松同学开始大声地朗读课文了，以后几乎每天都是这样大声跟读的，不知不觉间，我的学习就开窍了，期末考试居然考了100分。我从此养成了大声朗读的好习惯，我的小学生涯也从此开了挂，从小学二年级至五年级，我的学习成绩总是名列前茅，父母经常受到老师的表扬，父母因此也感到很有面子。现在想一想，原来我只是没开窍而已，还有，榜样的力量是无穷的，因此得首先感谢我生命中的第一个"贵人"——陈传松同学。只是很遗憾，陈同学因家中变故中途转学，至今也没再与他见过面。

考上初中是顺理成章的事。初中是在离家8里外的三岔中学，就坐落在大山脚下一条河畔旁边。周一至周五住校，周末回家休息，周日下午带上一周的干粮返校。在那个物资匮乏的年代，在长身体的年纪，大多数情况下每天就吃些玉米煎饼和咸菜。现在回想起来，真不知道自己当时是怎么熬过来的。初中课程多了许多，有语文、代数、几何、英语、政治等，不管学习内容还是学习方法，与小学阶段都不能同日而语。

初一第一学期的我，班上的同学都在拼命地学习，自己却依然按照小学阶段的思维习惯和学习节奏，我行我素，稀里糊涂地混着日子，结果第一学期期中考试，因偏科严重而考了全班倒数第二，这无疑给了我当头一棒！羞耻感让我痛定思痛，决定重新调整学习方法，并开始发奋图强，给自己定下了考试目标：紧盯比自己学习好的同学，一名一名地往前奋起直追。就这样，初中3年，我几乎把所有的空闲时间都用在了学习上。那时没有电视，没有游戏机，也从不关心外面世界的喧嚣，我一心只读圣贤书。虽然背上了"书呆子"的名号，我却从不在乎，因为我更关心自己的学习目标，我要悄悄努力，最终惊艳所有人。老天从不会辜负那些真心付出、不懈努力的人。结果，从初一下半年开始，我的学习成绩直线上升，初二上半学期，我的名次就稳在班级前3名。而我也从班级倒数的差生跃升至全校师生关注的对象，甚至是成为偶像。

我的中考成绩自然是在县重点高中的名单上，但当时因家境不好，父亲最终决定让我就读山东省益都卫生学校。在当时，上中专可以包吃包住，包分配，毕业后就是国家公职人员，从此也就意味着跳出农村环境了。在卫校就读的几年，我没有因为环境的改变而放松自己，依然保持勤奋好学的品质。因门门科目成绩优秀，毕业后我被分配至位于城里的山东博山灯泡厂卫生保健站当厂医。当时与大多数分配到各乡镇卫生院的同学们相比，我还是比较满意的，因为农村的孩子能进城，就相当于是一次阶层的跃升。

"成功如日出，需经历黑夜的洗礼。"这就是我的学生时代。致敬学生时代不屈的自己！

02 军旅时代：改变需要智慧，也需要勇气

20世纪90年代，国企经济体制改革，许多企业倒闭、改组，大批工人面临下岗、停薪留职、自谋生路等现实考验。我所在的灯泡厂也

不例外。作为新入职的穷小子，来自农村，没背景、没高学历、没经济实力、没社会经验，甚至还没脱净稚嫩的学生气，每月拿着几十元的死工资……卑微的自己简直与城里人格格不入，车子、房子、女朋友等根本不敢想，也没有领导关注我，给我升迁机会，有的只是被嘲弄、欺负，甚至随时会下岗失业。总之，没有未来就是当时一眼能看到头的结局。初入社会就遭受现实的毒打，那种无奈、无助、苦闷，不堪回首。真是天无绝人之路，上帝为你关上一扇门，就会为你打开一扇窗。1992年冬季征兵开始了，当兵可以考军校，这对我无疑是救命稻草。保健站的薛丰年老医生也认为这是一次绝好的机会，多次帮我分析形势，极力鼓动我报名参军，并积极帮我运作，但最终天不作美，第一次参军未遂。我并未气馁，第二年部队又来我们厂征兵了，在贵人薛医生的积极帮助下，最终经厂党委研究同意，1993年12月，我终于如愿以偿地穿上了崭新的绿军装，戴上了光荣的大红花，随车经过3天4夜的颠簸，来到了遥远的新疆莎车县，开启了我崭新的军旅人生。

军营是个大家庭，军营是座大熔炉，军营是所大学校。对我而言，新疆是我的第二故乡，火热的军营更是一方适合我成长的净土、热土和沃土。24年的军旅生活锻造了我强健的体魄、过硬的作风、优良的品质、精湛的技术和对党、对祖国、对人民的无限忠诚与热爱。

1997年，我自部队考入心中无限向往的军校——解放军兰州医学高等专科学校，就读临床医学专业。我加倍珍惜这次机会，刻苦钻研医学专业知识，门门功课优秀，为日后的临床工作打下了坚实基础。在校期间我就立志将来报考研究生进行深造，这一信念从未动摇过。

2008年北京申奥成功,我也于同年9月顺利进入上海第二军医大学长海医院就读硕士研究生。经过3年苦读,历经3次蜕变,最终破茧成蝶,华丽变身,我成为一名部队需要的心血管内科专业方面的业务骨干和行家里手,为国防事业和地方建设抛洒自己的青春和热血,贡献着自己的聪明和才智。生命中有了当兵的历史,一辈子都不会感到后悔。我为自己的智慧和勇气点赞,我为自己的正确选择而骄傲。

我的故事再次印证了保罗·麦尔的那段名言:你所清楚预见的、热切渴望的、真诚追求的、全心全意争取的,都会自然而然地实现。

03 回归社会:使命点燃梦想,担当成就未来

2017年,基于"职业规划",我积极响应上级党委号召,毅然脱下军装,供职于新疆巴州人民医院心脏中心,继续为第二故乡贡献余热。退伍不褪色,作为一名心血管内科副主任医师,每天感觉自己有使不完的劲,在兢兢业业做好繁忙本职工作的同时,经常思考:作为一名新时代的医务工作者,应该还能再做点什么呢?作为一名西医内科医生,在我25年的从医生涯中,我永远记得,西医在面对那些复杂疾病而束手无策的时刻,由此给病人及其家庭带来的绝望。那些记忆,如同沉重的石头压在我的心头。医生的天职和使命让我感到必须有所作为,我必须寻找新的武器,我必须探索救助病患于危难的新途径。

2003年的"非典"疫情和2020年的"新冠"疫情,都证明了中医药的力量。在这两次疫情中,中医药都以卓越疗效和零死亡率取得了抗疫的最后胜利。但涉足中医领域绝非易事,在那些艰难的时刻,我

对自己说:"茂菘,你一定要有勇气去探索未知的领域,去学习中医,为了病人,为了医学的发展。在国家大力弘扬中医药的伟大号召下,你选择的学中医这条新赛道一定是快车道,一定是前景广阔、前途光明的正确道路。茂菘,你真有眼光!继续加油啊!"这句话成为我的动力、我的决心和我对未来的承诺。我告诉自己,无论道路多么艰难,无论挑战多么巨大,我都将坚持不懈,直到找到希望的曙光。

我也想对那些在医学道路上探索的同道说:"梦想需要坚持,就像黎明前的黑暗,过后必将是辉煌的日出。在医学的海洋中,我们无畏风浪,不断地探索和学习,只为给病人带去更多的希望和治愈。让我们带着对生命的敬畏和执着,在医学的道路上不断探索和前行。"

半世弹指一挥间,又迎人间四月天。在教育公平的AI时代,没有理由不相信,有前半生的厚实铺垫,平凡而永不甘平庸的茂菘必将续写出后半生的精彩故事……

潘伟涛

认知破局，主动改变自己

- 主业口腔医生
- 副业开办美和熹阅书社
- 推广美和熹阅书社读书会

作为一名资深的牙医,很多时候自认为技术还不错,日常学习很努力,但总觉得自己目前的状态有点儿太安逸。每天上班、家里两点一线,偶尔有应酬,日子循环往复,总觉得少了一些色彩。后来经历一些事情后有了开设新门诊的计划,就开始寻找场地,而在经过反复比对场地环境之后,就萌发了开一家集口腔及图书馆综合体的想法(本身喜欢看书,家里书都没地方存放)。有了这个想法之后,我就在心中埋下了一粒种子并开始行动起来。

从设计到装修,我和爱人亲力亲为。请设计师后,我和爱人反反复复和设计师勘查现场并沟通方案。这期间,慢慢发现以前自己没有接触的事情,现在逐渐了解了一些,眼界也开阔了很多,发现自己以前眼界还是太窄,每天只是接触患者和员工,与外界交流还是太少。自从创办美和熹阅书社,我对自己的要求逐步提高。毕竟作为书社创办人,肯定要多读一些书,而且范围要广,因此自己看书不再局限于口腔专业,书籍范围扩展到历史、人文、经济、管理、心理,尤其是哲学。阅读国外的哲学经典和国学经典后,发现自己以前就像困在信息茧房里,故步自封。虽然想改变,但缺乏改变的勇气,因为人都喜欢待在舒适圈,走出舒适圈是一件反人性、反本能的事情,面对陌生领域都会选择逃避,甚至不敢面对,因为改变意味着风险和不确定。

人都有保护自己的本能,保护自己不受到伤害,所以需要有外部力量的干预。但如果这个外部力量是从人的内心长出来的,那么力量会是无穷的,而且可以起到事半功倍的作用。

自从跨行业接触各种事物、各类人群，发现自己在很多方面都需要学习，需要改变。首先是管理模式的改变，以前我认为只要一味地对员工好就可以了，他们会自动地努力做好自己的本职工作，但现实中人是非常复杂的动物，人性的弱点无时无刻不在影响着人的行为。作为21世纪的企业管理者，要更加洞悉人性，在做好基础管理工作之外，还要学会怎样激励员工。组织要向员工提供学习、发展和晋升的机会的同时，要有必要的监督和考核机制。因为人们只做你会检查监督的事情，日常工作中要向员工传递正向、积极的信念，根据员工的行为表现和客观数据来判断员工的价值取向是否和自己的企业文化匹配。评价员工表现要及时，要具体，要实事求是，要为他们提供和企业共同成长进步的机会，营造一种开放性沟通的氛围，提升大家的综合素养，帮助大家了解自己对企业成功起到的作用，建立信任，让员工参与决策，授权优秀员工自主解决问题，而领导者要以身作则，落实目标。如果你能帮助很多人得到他们想要的东西，你就能拥有生活中想要的一切。

再者，在现代社会中，管理者不仅仅是监督者，命令发号者，更是引领者，是教练。因为一名教练的成功不是因为他自己是明星，而是可以培养明星员工。一家企业创始人要想获得个人成长、企业发展，就要着手让企业的其他人共同成长，从更广阔的视角和背景来激发自己的潜能和员工的潜能。因为一个人的能力是有限的，企业团队的力量是巨大的，潜力是无穷的，不管一个人有多么聪明，团队总能比个人做出更明智的决定。

在日常管理中，办公室的门虽然是敞开的，但管理者的思想却往往是封闭的。所有员工都需要对自己的工作有发言权,这样他们才会觉得工作有意义。你让员工知道你会在他们需要的时候施以援手,给他们相对独立完成工作的自由。

改变自己需要勇气。喜欢做教练的人通常有自己的内在使命感,愿意把自己放在第二位,去支持他人的成长。人生最难得的就是两个字——主动。因为我们是从被动中成长起来的,从小到大习惯了被父母安排好一切,人的自我觉醒需要有意识习得,有意识去改变。别人说你千百遍,而自己没意识、不想改变也是枉然。

几乎每个人都觉得自己是走在对且正义的道路上,我们每个人都是哲学家,无时无刻不在思考着人生的终极问题,因此会不自觉地从自己的角度衡量评判自己的环境,自己处事的方式可能会因此引发不满、委屈甚至愤怒。我们虽不一定会改变世界,但一定会在一次次主动创造的成长中改变自己,认清自己,并看到他人以及自己与世界的关系。若想要看到更多远超于我们以为的世界,并打开心灵枷锁,这就需要迈出第一步——先改变自己。

改变是一种成长的标记,而主动意识与真正改变是因与果的关系,有了意识才会促发改变,在主动意识的推动下,一个人需要借助接收到的外界反馈来进行调整,在不至偏离人生主线的情况下,才能一点一点实现自我的持续升级。

当一个人突破狭隘的自我,怀着好奇看到自己和这个世界更广阔的空间与可能时,就再也不会纠缠于每天的琐事之中。人天生就对外界敏感,内心也知道自己应该去哪儿,如何才能让自己过得更好。只是不知为何随着社会的形成,经济的极速发展,人的社会属性增加,社会倾向于把人固定在自己的格子里，习惯于思想上维持现状，不想去探索新的可能，这样人就会逐渐被自己的潜意识蒙蔽，在这种情况下人想改变自己，就得改变自己的心智模式。

想要做到心智模式的改变就要多读书，读好书，读万卷书，行万里路。正所谓开卷有益，全新的变化，无常的时代，过去的常识可能不再是常识，而过去并非常识的观念、理念反而可能会变成新的常识。通过阅读学习创作者的世界观、人生观、价值观，回顾到比自己生活的时代更久远的时代，可以感悟先辈们的智慧，学习到他们看待事物的观点和理念。随着阅读的书籍越来越多，在脑海中就形成了甄别，认识信息的心智模式也会不断延伸。所以，当外界都质疑实体书店是否还有存在的必要时，我们依然相信文化空间的存在意义，因此我们打造了美和熹阅书社。在这里我们用阅读对抗思想的局限，用思考反抗旧有的陋习，我们积累了更多的经验，实验了更多可能性。在美和熹阅书社，我们交换思想，碰撞思想，用阅读拓展自己的外延，沉浸地感受读书的快乐。

其实，人生最幸运的不是能读完多少本书，而是在每一个重要的人生阶段，都有一本书陪伴着我们。心智模式的改变，更多需要亲自实践，躬身入局。毕竟，"实践是检验真理的唯一标准"。古语曾言"纸上得来终觉浅，绝知此事要躬行"。很多事需要亲自验证，亲自体验，自己才能有切身感悟。

对一些大家都走的路，走过了就可能把它放下，学到了该学的，就不要死死拽着那些所谓的标准，说不定那就是你创造力的桎梏。凭着自己内心的召唤，相信自己的直觉及呈现自我带来的改变。一个人的潜能往往是在他经历了一些重大的变化，承担超出能力的任务，或者走进一个未知领域而被激发出来的。当人们面对这些不确定的因素时，不再依赖外界，而是迫使自己做出改变，就能展现出属于你自己的能力。困难与变化是打开我们潜能大门的动力源。

想改变就会面对一个叫惯性的对手，它强大、狡猾、深入骨髓，有不屈不挠的斗志与自我修复的技能，哪怕是有益的改变，也会激发它强烈的反抗。生活中一切带来变化的、不熟悉的元素，它都会向外推，不需调用整个心理系统就能编出合情合理的理由。往好了说，这是一种自我保护机制，用来规避可能的风险。但它本身也会成为另一种风险，让那些对人有益的改变难以保留下来。

有一条非常朴素的真理，你想改变就做点儿什么吧，哪怕是微不足道的事情，变化一定要从做点什么开始，行动者只能是当事人本人，谁都替代不了。很多人都希望通过思考来寻找答案，更安全、更无痛，并且显得更深刻和触及灵魂。但直接做更管用，行动会直接带来新的经验。这又带来一个问题，每个人都心知肚明，行动很难不是因为懒，很多人并不是真的懒。他们宁可为了维持一个不舒服的惯性而每天付出十倍、百倍的努力，也不愿尝试新奇。被往日习惯困扰的人反而更排斥新的尝试，因为新的尝试意味着更多不确定和风险。

乔源

用勇气打破命运枷锁，以信念解锁人生无限可能

- 乔源财富系统创始人
- 国际演说学院认证讲师
- web3.0（AI人工智能+数字经济）的先行者
- 曾服务10万+企业税务健康的守护者
- 价值投资与风险管理的平衡专家

11岁那年，我背着塞满课本的行囊，离开爸爸妈妈，毅然决然地踏上了前往县城中学的求学征途。那是一条长达40里、崎岖不平的山路。然而，这些艰难险阻根本无法撼动我追逐梦想的坚定决心。

凭借心中那股不服输的毅力以及持之以恒的努力精神，我勇敢地穿梭于蜿蜒曲折的山间小道之间，在中学的校园里全情投入、孜孜不倦地汲取知识。最终成为村里首位勇敢走出大山、迈向更广阔天地的女大学生。毕业后，我凭借着扎实的学识与不懈的努力，被顺利分配到当地的税务部门工作，开启了我人生旅程中崭新的篇章。

在30余年的税务生涯中，我多次被评为"先进工作者"和"优秀公务员"。我先后在纳税服务大厅、征管股、纳税评估科、稽查局、税政法规股等业务部门任职，尤其是在稽查局和税政法规股任职期间，一次性查补税收485万，出口退税近十个亿，分毫不差。除了扎实的专业知识我对写作表现了浓厚的兴趣。依稀还记得在省局"树立科学发展观，实现新跨越"征文比赛中荣获全省三等奖。

01 困境里的光：因为爱，我选择用勇气重构人生

1994年，我幸运地遇见了生命中的另一半。我的先生是一位英俊善良的海军军官，对我宠爱有加，一年后我们迎来了活泼可爱的儿子。一家人其乐融融，过着十分幸福的生活。正当我以为生活即将步入正轨时，父亲的一场重病如晴天霹雳，打破了这份宁静。

让时光回溯到26年前，还记得那是一个寒冷的冬天，天空下着鹅

毛大雪，早上8点左右，父亲突然倒下，那沉重的身躯仿佛一座崩塌的山。我望着他痛苦扭曲的面容，心如刀绞。母亲在一旁，双手颤抖地抚摸着父亲的脸庞，泪水无声地滑落，她的眼神中充满了恐慌与无助。我们第一时间把父亲送往省城最好的医院。医生说，需要紧急手术，费用至少10万。我跪在地上，紧紧地抓住医生的手，说："求求您救救我父亲，我一定想办法筹到钱。"10万，对于我们这个本就不富裕的家庭，犹如天文数字。我当时每月的工资不到1000元。翻遍所有的抽屉和角落，把家里能找出的钱全部摊在桌上也远远不够。母亲紧紧抓住我的手，那颤抖的力度让我心疼，她哽咽着说："一定要救你爸，一定要……"

我跑出门，穿梭在寂静的街道上，敲响每一户亲戚朋友的门，每一句借钱的话都卡在喉咙，艰难地挤出。绝望的泪水在眼眶里打转，可一想到父亲还在生死边缘挣扎，我又不得不厚着脸皮敲开下一扇门。我翻开通讯录，一个一个开始打电话，不知道打了多少个电话，我的嗓子已经嘶哑，母亲在医院里守护，每分每秒都在焦急地等待，每一秒都像是被拉长。我的内心充满了无助和自责，为什么我没能赚更多的钱？为什么让父亲遭受这样的痛苦？为什么我在关键的时刻却无力尽孝？那种深深的无力感几乎要将我淹没。

这件事深深触动了我。在突如其来的风险面前我却毫无抗风险的能力。大家知道吗？人生最痛苦的，莫过于"子欲养而亲不待"啊！

生活充满变数，勇气不仅是一种力量，更是一种责任。它让我们在困境中不屈不挠，为爱改变——唯有不断努力和改变，才能更好地守护家人。

于是，我激发出前所未有的勇气，开启了兼职创业之路。白天，我是尽职尽责的税务干部；晚上和休息时间，我化身为酒店管理者，忙碌于酒店运营。我学习管理知识，钻研市场动态，不断提升经营能力。虽然辛苦，但我乐在其中。经过不懈努力，酒店生意逐渐走上正轨，我收获了人生的第一桶金。我在县城为父母购买了一套我们县城当时最好地段的房子，也给自己买了一辆价值17万的桑塔纳。

在20世纪90年代，这无疑是成功的象征。我深知，这一切都源于敢于改变的勇气。正是这份勇气，让我在困境中找到新出路，实现人生价值，也为家人创造了更好的生活条件。从此，我更加坚信：只要有勇气去改变，人生就充满无限可能。

02 当我在低谷按下"改变"键

在漫长的人生旅途中，我们每个人都无可避免地会遭遇形形色色的挑战与困难。而我，经历了投资失败、家庭危机以及至亲患病等沉重打击。然而，这些艰难经历如同一把火，点燃了我内心深处的勇气。

曾经，我满怀信心地投资了一家初创企业，怀揣着通过不懈努力与坚定信念，最终走向成功的愿景。但由于风云变幻的市场环境疫情的突袭，这项投资最终以失败告终，让我蒙受了300多万的巨额损失，不仅花光了我所有的积蓄，还负债接近200万。

我仿佛坠入无尽的黑暗深渊，每个夜晚都如同噩梦，充满焦虑与绝望，头发大把大把地掉。有好几次，我甚至绝望地站在13层楼的楼顶，心中涌起结束一切的冲动。但我内心深处意识到不能放弃，不能被恐惧和绝望打倒。

于是，我毅然从过去的失败与痛苦中挣脱，不再沉迷于无法挽回的遗憾，而是积极行动起来。我如饥似渴地学习财商知识，深入研究投资技巧，并积极寻求专业的投资合作机会。同时，我深刻意识到分散投资的重要性，开始着手进行国内外资产配置，以降低风险、实现资产多元化。凭借努力与智慧，我用了三年的时间不仅还清了所有的负债并且以优异成绩被一家知名上市公司录用，迅速成长为备受赞誉的星级导师，且成功持有两家上市公司的股权。

从此，我更加珍惜眼前的生活。我明白，面对困难时我们往往会迷茫无助，但正是这些艰难时刻塑造了我们的性格与意志。只要心中有爱与希望，就没有克服不了的困难。

正如奥普拉·温弗瑞所说："你最大的冒险，就是过梦想中的生活。"而我，正在勇敢地走向梦想中的生活，不再畏惧任何挑战。

03 熬过低谷，终于在改变后迎来了高光时刻

曾经，在一个新零售行业，我仅用10个月时间，将三人团队裂变至千人规模。然而，由于当时缺乏团队管理经验与方法，团队发展遇到了瓶颈，未能顺利实现进一步裂变与壮大。但这并未让我气馁，反而激发了我的求知欲。于是，我决定投资超百万元用于自我提升，四处寻找学习成长的机会。我曾前往世界各地，向各大名师虚心请教，学习总裁管理策略、资本思维、股权设计、领导力与组织行为学、宏观经济学与政策分析、数字化转型、财务管理与资本运作、法律合规与风险管理、人文素养与国际视、演讲与招商、商业模式设计等实用

技能。先后取得了金融理财师、理财规划师、高级心理咨询师、商业模式规划师等证书。

在这一路求学的历程中，我有幸遇到生命中的贵人——姬剑晶老师。他不仅是胡润U30导师，更是AI人工智能领域的布道者、国际演说节发起人。得益于姬剑晶老师的悉心教导，我学会通过招商演讲来吸引投资与合作，深入了解人工智能前沿技术与应用，掌握高效带团队的核心能力。在他的指导下，我学会从零帮企业策划招商方案，也学会为企业和个人定制切实可行的商业计划，并且通过会销大师班三个阶段的历练，在线下一场500人的招商会中取得了228万的骄人业绩。

这些宝贵的技能与知识如同璀璨明珠，照亮了我前行的道路，让我在商业浪潮中更自信地航行。

在多年税务工作中，我深刻体会到许多企业经营面临的困境：不懂得经营管理，信息不畅通，库存积压严重，资金缺乏等。因此，我决定利用专业知识与经验，帮助企业解决库存积压问题，同时通过创新商业模式，让消费者在享受消费乐趣的同时获得额外收益。我们借助先进的AI人工智能技术，优化生产与销售流程，实现从生产到销售的闭环，极大提高效率、降低成本。

如今，我已拥有10多个各具特色的智能体。例如在税务领域，"税务咨询专家乔源"等专业智能体，不仅能高效处理各类专业问题，还能为用户提供精准、专业的咨询服务。与此同时，我利用AI技术打造了自己的数字人。我的数字人可在一天内自动生成10条甚至上百条高质量短视频，这极大解放了我的时间与精力，显著提升工作效率。

凭借坚持不懈的努力，我不仅在被称为"魔都"的上海站稳脚跟，拥有了属于自己的房子和车子，真正成为这座城市的一员，还在短短三个月内，凭借卓越能力与不懈努力，晋升为某集团的高级管理者。

04 凝聚追梦力量，共赴财富自由与社会贡献之旅

在这个充满挑战与机遇的时代，我希望带领一群有梦想、有激情的年轻人，尤其是勇敢追梦的女性，共同踏上这段充满希望的旅程。我们不仅致力于实现个人的财富自由和时间自由，更希望通过努力为社会创造更多价值。

我紧紧把握时代机遇，将朱少平教授倡导的"生产型销售"理念融入实践。通过团队共同努力，带领某项目顺利落地并取得显著成果。作为项目运营管理者，我深知不仅要推动自身成长，共享共富，更要引领团队迈向成功。我坚信，在齐心协力下，每位团队成员都有机会实现年入百万的目标，共同谱写事业传奇。我的愿景是打造一支高效协同的团队，搭建让成员充分发挥潜能、实现个人价值的优质平台。未来，我们将通过持续学习、创新与实践，携手迎接更加辉煌的明天。

经过不懈努力，我成功与一家国际性商城达成合作，拥有了专属云店。这不仅为项目拓展了更广阔的发展空间，也让我们能更高效地赋能全国各地的企业。为积极响应国家乡村振兴战略，我们诚挚邀请全国拥有源头产品的企业入驻商城。我们将凭借平台资源优势，帮助企业有效解决库存积压问题，降低运营成本，提升生产效率，切实增加企业收益与员工薪资。

这一切的变化，不仅源于科技带来的便利，更是我不断学习、勇敢改变的结果。通过人工智能的力量，我不仅实现了个人能力的延伸，也让更多人能随时随地获取有价值的知识与帮助。这让我更加坚定信念：拥抱变化、善用科技，才能真正掌握未来。

正如亨利·福特所说："无论你认为自己行还是不行，你都是对的。"我相信，正是这种坚定的信念与不懈的努力，让我从江西的偏僻小山村，一步步走到今天，从一个月工资只有几千元的上班族实现阶层跨越，成为两家上市公司的股东。

这份成就不仅让我深感自豪，更让我意识到自己有责任为这个世界做点什么。我渴望世界和平，我希望天下苍生无疾而终。我希望天下没有穷人，我很重要，世界需要我，我将用生命的力量为中国实现科技强国而奋斗终身。我渴望用智慧和能力，为粤港澳大湾区的发展添砖加瓦，助力其成为更繁荣、更具创新力的世界级湾区。同时，我也将继续追求个人成长与突破，为实现更宏伟的梦想而不懈奋斗。

在积极奋斗的同时我也不忘自己的责任和义务、梦想和使命：无论是汶川大地震还是郑州水灾，我都是在第一时间捐款捐物。每年定期为SOS儿童村的孩子们送去必需的衣物和食物。我一直坚持自学心理学，时常抽空义务陪伴孤独症儿童。同时我也是孝道文化的践行者和推广者，我打算筹办一个孝道文化传播中心。

我希望我的故事能给正在经历困境的朋友们带来希望与激励。无论你现在面临何种挑战与困难，都不要放弃希望与改变的可能。记住，每一次失败都是通往成功的垫脚石。只要我们勇敢面对、积极学习、不断调整，就一定能实现自己的目标。

▶ 硕秋

永不服输的70后：
我与命运较量的
逐梦人生

- "70后"不服输退休大姐
- 高效记忆法传播者
- 终身学习践行者

我不是天生的王者，但骨子里流着不服输的血液。这股不服输的劲儿，是我走过人生坎坷的底气，是我在命运的荆棘丛中披荆斩棘的利刃，是我穿越至暗时刻的灯塔。

曾几何时，命运的大手一次次将我推向深渊，每一次跌落都伴随着无尽的痛苦。就是凭借着从母亲身上继承来的这股不服输的劲儿，我一次次勇敢地做出改变，一步步向着梦想前行。那些看似走投无路的绝境，最终都成为我蜕变的阶梯，见证着我的成长，铸就了现在更强大的我。

01 复读：在至暗时刻重启人生

清明时节，我回到那个三面环河、仅有一条出路的小村庄。车窗外熟悉的风景，瞬间将我拉回那段刻骨铭心的岁月。

我从小就喜欢上学，6岁半就正式上了一年级。我的小学之路一路顺遂，可初中考高中时，命运却给了我沉重的一击——放榜那天，我榜上无名。得知消息的我，一整天茶饭不思。父亲劝我："女孩子，有个初中文凭就够了。"但我不甘心，我不想像村里的大多数女孩一样，早早结婚生子，一辈子被困在这一方小天地里，过着"面朝黄土背朝天"的生活。读书，是我心中唯一能通往广阔世界的桥梁。

无数个夜晚，落榜后的我，躺在床上辗转难眠，脑海中不断憧憬着自己未来可能的样子。终于一个声音在心底呐喊：不行，我要复读！

但在那个时代，复读是一件极其困难的事情，机遇好的可以顶替辍学孩子的学籍去复读,我有两个朋友便是如此,至今还用着别人的姓名,可我没有得到这样的机会。

"既然不能复读,那就从头再来!"我鼓起勇气向父母提出从初一开始重读的想法。父母被我的执着打动,最终同意了。我决定先跟着村上的五年级学两个月,再参加考试,争取重返初中的机会。

复读的日子,压力如影随形,外界的质疑声也从未间断。"女孩子折腾啥?""白费力气"……但我把这些都化作前进的动力,咬牙坚持两个月后,我顺利考入镇上最好的重点初中。此后,我在学业上一路高歌猛进,次次考试年级第一,初中毕业时被保送进县城最好的高中,最终叩开了大学的校门。

正是这股不服输的劲头,让我迈出了改变命运的第一步。当命运为你关上一扇门,执着与勇气会为你打开一扇窗,让你跳出禁锢人生的深井,让你拥抱无限可能。

02 辞职:挥别安稳逐梦

大学毕业后,我进入一家国有企业。初入职场,我满怀壮志,暗暗发誓要干出一番事业,报答供我上学的大姐和哥嫂。母亲在我重上初一那年因病离世,是大姐和哥嫂接过养育我的重担,他们为了我,倾尽全力,卖掉家里的粮食供我读书,这份恩情我永生难忘。

工作中,我兢兢业业,从基层干到技术岗位,但无论我多努力,工资始终微薄。当儿子想让我给他报学习辅导班,我却因囊中羞涩无能为力时,我的泪水夺眶而出,内心满是愧疚和自责。

我意识到,这份工作不仅承担不起孩子的教育成本,更难以回报家人。再环顾身边同事，即便晋升为主管，也不过是拿着微薄的固定工资，一成不变的日复一日，生活仿佛被定格，未来一眼就能望到头。

我内心涌起强烈的不甘：不行，我要改变！

不顾家人朋友的劝阻，我毅然辞职。在我看来，与其在安稳中消磨斗志，不如勇敢地去拥抱未知，寻找新的可能。

03 创业：在低谷中艰难摸索

离开国企后，我踏上了求职之路，尝试过直销、保险等多个行业，却屡屡碰壁。直到一天深夜，我刷到家电清洗业务的短视频，看到和我年龄相仿的女子手提一个工具箱就可上门完成工作，虽然累点但收入可观，我连续观看了一周左右，一个念头闪现出来：我要创业！我独自前往那家公司考察学习后，满怀期待地借了1.5万元加盟，以为握住了命运的转机，却不知更大的挑战在前方等着我。

第一次上门清洗油烟机的场景，至今仍历历在目。老式油烟机的金属棱角无比锋利，一不小心戴着的橡胶手套被瞬间划破，锋利的边缘咬进掌心，温热的鲜血混着陈年油污，顺着指缝滴落。为了不让主人看出我不专业，我强忍着疼痛，死死咬住下唇，继续工作，血水混着不自觉流出的泪水，任由它们在油污里相融。在客户疑惑的目光中，我把"呜咽"咽进喉咙深处。

这次，我明白了，有些事情并不是你逞强就能做得了的。最终，我不得不承认这次创业失败了。但我告诉自己：这些混着血泪的经历，终将成为我未来的铠甲；每一道伤口，都是命运给予的勋章。

04 从教：在教育中绽放光芒

迷茫之际，挚友的一句话点醒了我："去培训班当老师吧。"成为教师，本就是我儿时的梦想。于是，接受好友的建议，怀揣期待，毅然踏入了教育的行列，并选择了极具挑战性的"最强大脑"教育岗位。

我知道，这条路充满艰辛，但我无所畏惧。从此，我的生活被学习和练习填满。业余时间，我沉浸在科学知识的海洋里；各类培训课程，我总是积极参加。每天凌晨4点半，当城市还在沉睡，我已开始进行脑力训练，这个习惯一直坚持至今。我用三天时间背下了圆周率小数点后1000位，连资深教师都对我刮目相看。大脑真的是用进废退，自此我感觉自己的大脑像是打开了闸门，原来认为不可能背诵的国学经典，如《大学》《弟子规》《千字文》《道德经》等，我用宫殿记忆法、故事串烧法等逐一熟练地全文背诵下来。

我深知，"要给学生一杯水，教师需有长流水"。在反复锤炼记忆能力的同时，在教学中，我不断探索创新，将枯燥的知识转化为生动有趣的故事，让学生在快乐中学习。看着孩子们在我的课堂上变得自信开朗，成绩不断提高，当家长送来锦旗的那一刻，所有的付出都化作幸福的泪水。我终于找到了人生的价值，找到了一份能为之倾注全部热情与心血的挚爱事业。

05 沉淀：在蛰伏中积蓄力量

正当教培事业蒸蒸日上时，疫情突如其来，线下培训被迫停课。

但我没有在焦虑中荒废时光，而是果断报考了教师资格考试和一级消防工程师资格考试。前者是对职业技能的进阶追求，后者则是突破舒适圈的勇敢尝试。

考取教师资格证，于我而言有挑战，但我凭借积累的教学经验和知识储备，胜券在握；而考取一级消防工程师资格证，对我来说无疑是巨大的挑战，因为要面对陌生晦涩的专业知识、繁杂的知识体系。但我不服输，决定迎难而上。在学习过程中，我尝试运用各种方法，如观看教学视频、参加线上学习小组等，同时将科学的记忆方法融入学习，把抽象的概念转化为生动的故事，将复杂的公式转化为有趣的联想等。

身边的朋友劝我："都快退休了，何必这么拼？"我只是一笑置之。在我心中，人生没有太晚的开始，每一分努力都是为未来投资。经过近一年的奋战，我终于拿到了两本沉甸甸的证书。

这两本证书不仅是我努力的证明，更是我人生中的一笔宝贵财富。我更加笃定：人生的每一次付出都不会被辜负，那些蛰伏沉淀的时光，终将化作破土而出的力量。

拿下两本证书后，好运仿佛被按下了加速键。曾经遥不可及的目标，在一步一个脚印中逐渐清晰。

如今，再次回顾自己走过的路，那些曾经的痛苦与挣扎、迷茫与彷徨，都已化作内心深处的力量。每一次改变，都是勇敢的尝试；每一次挫折，都是成长的磨砺。人生没有白走的路，每一步都算数。那些看似艰难的日子，其实都是命运给予的馈赠，它们让我变得更加坚强、更加自信。

如今虽已退休,但我觉得自己的事业才刚刚开始。我加入了弘丹老师的写作营,希望通过文字将高效记忆法分享给更多人,用知识传递力量。

只要不肯认输,你就不会输;只要心中有梦,脚下就有力量。未来,我将继续以热爱为帆,以坚持为桨,在人生的海洋中乘风破浪,书写更加精彩的篇章。因为我始终坚信:只要心怀梦想,永不言败,人生的下一站,永远有更美的风景在等待我。

安如 ◀

允许一切发生，
你将变得无所畏惧

- 成长型宝妈
- 南昌大学临床药学学士
- 健康管理师|公共营养师
- 国家三级心理咨询师
- 背诵书籍践行者（持续1800多天）

生活就像一场充满挑战的旅程。真正的勇者，是在困境中依然选择蜕变、破茧重生的人。而我，历经生活的变故，仍揣着对未来的热望，在风雨里追寻属于自己的光。

01 在难堪里埋下改变的种子

从幼儿园到小学一年级，我的学习表现一般，对知识的消化吸收速度略显迟缓。直到二年级转学，在陌生的教室遇到了严厉的数学老师夏老师。那天她要求我们背诵九九乘法表，我突然萌生出改变的勇气——想证明自己能换一种方式学习，于是尝试横着背，却在磕磕绊绊中卡了壳。

"连竖着背都费劲，还想横着背逞能？"夏老师踩着高跟鞋，语气里带着嘲讽。同学们的哄笑声如针尖般扎过来，我瞬间脸红到耳根，羞愧像潮水般漫过全身，攥着衣角的手指几乎要把布料揉碎。我主动登上舞台，却成了小丑，那一次我刻骨铭心地懂得了什么是"难堪"。

但难堪并没有让我退缩，反而成为我改变的起点。我把乘法表抄在小纸条上，每天清晨走在上学路上，嘴里反复默背那些数字组合。当期末试卷上两个鲜红的100分并列出现时，夏老师的态度从惊讶变成了赞许。更重要的是，我突然明白什么是真正的"会学"——不是被动接受知识，而是主动剖析难点、拆解步骤，像解开缠绕的毛线团般厘清逻辑。

这个插曲如同一粒火种，悄然点燃了我对"掌控感"的渴望。此后从小学到高中，我的成绩始终名列前茅，支撑我的早已不是"证明给谁看"的赌气。当我在初中物理奥赛中推导复杂公式时，当我在高中晚自习专注攻克难题时，脑海里总会闪过那个攥着衣角的小女孩：她站在破碎的自尊里，用改变的勇气捡起了重塑自我的第一块砖石。这份勇气与我一路相伴，最终我顺利考入南昌大学。

原来，生命中那些刺痛的瞬间未必是伤害，而是命运递来的改变之钥。那些让你面红耳赤的难堪，那些辗转难眠的不甘，终将在时光的淬炼中化作铠甲上的微光——它提醒着你，曾如何咬着牙，用改变的勇气将软肋锻造成飞翔的翅膀。

02 以改变奔赴心中热爱

高考前，我的未来像团未拆开的毛线球，只模模糊糊地绕着"师范""稳定"打转。直到考前一周，母亲突发重病住院。在县医院的白炽灯下，医生拿着化验单皱眉的样子，像一道阴影投在病历本上——他们查不清病因，母亲出院后身体始终未能痊愈。

守在病床边的夜晚，我握着她的手，第一次真切地触摸到"健康"的重量：它不是检查单上的数字，而是能让人稳稳踩在地上的生命力。高考填报志愿时，我毅然将"临床医学"作为第一志愿。尽管后来被调剂到药学专业，没能穿上白大褂成为临床医生，但命运似乎早有伏笔——当我在实验室研磨药剂时，当我翻遍《营养学》为妈妈寻找食养方案时，心底的热忱正悄悄从"治病"转向"治未病"。

2008年大学毕业后，我面试进入一家大型药厂。在车间工作时，"治未病"的种子悄然发芽。于是，我辞去药厂的工作来到广州，最初在医院从事健康编辑工作。工作间隙坚持学习，先后考取了药师、公共营养师、心理咨询师、健康管理师等资格证书。

如今我捧着这些证书，终于明白当年的选择不是无奈之举，而是生命给我的启示：健康从来不是割裂的拼图，当我们用食物滋养身体，用对话安抚情绪，当营养食谱与心理疏导在生活里织成网，那些潜藏在细胞里的疲惫、淤积在心底的暗云，才会真正被温柔化解。

我开始如饥似渴地阅读各类健康书籍，也在笔记本里写下无数构想：或许可以写一本关于"餐盘与心灵"的书，告诉人们怎么用菠菜里的镁元素对抗焦虑，用黑巧克力中的可可碱调节心情；或许可以在直播间，教大家一边揉面做全麦面包，一边用正念呼吸释放压力——原来真正的热爱，从来不是偶然的遇见，而是当你目睹过生命的脆弱后，仍想成为一束光，把"健康"这个抽象的词揉成普通人触手可及的温暖日常。

03 改变如水滴石穿，悄然绽放美好之花

2019年公司解散后我暂别职场，备孕成了最迫切的事。没了打卡机约束，我不知所措，在家瞎忙一天，傍晚做好饭等丈夫回来，回顾一天时却觉得一事无成，内心空虚。我想用"调理身体"安慰自己，不料脱离约束后焦虑蔓延开来，影响了备孕，怀孕变得更加艰难。看到别人接连怀孕成功，我深感挫败，仿佛被困在求而不得的困境中，难以挣脱。

尝试了多种缓解焦虑的方法后，我做了个看似幼稚的决定——完整朗读整本纸质书，像高中晨读那样用声音"烙"文字。首个音节

出口，我鼻酸了，竟已10年没认真聆听纸张的"心跳"声。为坚持下去，我选择在熟人少的短视频平台上打卡，起初只以图文记录，不敢露脸。打卡慢慢成了每日必做之事，我便坚持了下来。不管遭遇何种变故，哪怕刚做完手术身体未恢复，也从未中断。朗读纸质书打卡成为我生活中不可或缺的部分，是我对抗焦虑、坚守自我的力量源泉。

到第360天，一个打卡视频火了，或是因为文案引发了大家的共鸣，或是因为坚持的行为令人佩服，视频获得很多点赞，粉丝数量快速增长；早期建的学习群也不断有人加入，发展到100多人。我带大家一起朗读纸质书打卡，很多人说我的行为让他们找到了行动力量，从而开启了他们的改变之旅。奇妙的是，我内心的焦虑也不知不觉地减轻了，还意外帮助了别人，我真切地领悟到了"自利利他"这4个字所蕴含的深刻含义。更让人惊喜的是，打卡第526天，我迎来了一个期盼很久的好消息——我成功怀孕了。

怀孕后，我满心欢喜，感恩生活。朗读纸质书打卡第532天，我开始尝试背诵纸质书；每天背一小段，积少成多，到第683天已能背出1.7万字的整本书。进入背诵阶段，打卡变得更轻松，如今我随时随地可背，每日能完整背一遍，甚至在状态极佳的时候，我创下了一天背诵7遍的最高纪录。即使在忙碌日子里也从未中断，骑车、做家务、陪孩子玩时都能顺口背诵出来。

书中的一字一句仿佛已深深内化于我的身体中，就连在睡梦中，也能不自觉地背诵起来。打卡第1543天，我开始尝试将书中内容转化为个人见解进行输出，实现了从被动输入到主动输出的思维跨越，完成了蜕变，就像春蚕终于吐出了第一缕丝。而这一切，皆是坚持带来的美好结果。一路走来,我越发坚信,只要持之以恒,就能收获意想不到的惊喜。

改变,不过是把一粒种子放在口袋里,用体温唤醒它,某天低头时发现:咦,胸口怎么长出了一片森林?

04 勇敢告别过去的人,会被奖励一个新的开始

因生活变故,我在孩子出生后回到家乡小县城。清新的空气里,有父母贴心陪伴,恍惚间仿佛回到童年。未曾想过我的孩子也会在此长大,如今这方水土给予我别样的踏实。我对幸福的定义很简单:父母康健,儿子茁壮成长,我努力学习、赚钱,一家人把日子过好。

当下经济低迷,我身边有不少人面临失业。即将40岁的我,既要努力赚钱,又要照顾孩子,也曾焦虑迷茫。但我始终相信,踏实做事、珍惜当下,时间自会酝酿答案,生活终会向暖而行。

我翻出以前考取的多本证书,它们承载着我过往的学习时光。虽离开职场几年,但我觉得这些知识技能或许能开启新生活。

这些年我翻阅的健康典籍,最终化作守护家人的温暖力量。当母亲被反复发作的荨麻疹折磨得夜不能寐时,我设计的膳食方案让她的皮肤重新恢复如常;自己餐后两小时血糖稳定在6.5mmol/L,源于我给自己制定的一日三餐控糖食谱、运动处方与心理疏导方案。这些实践让我深信:融合科学严谨与人文关怀的营养方案,方能成为具有人性温度的健康方案。

在生命的低谷期,我在《读书变现》一书中遇见了生命中极为重要的人——弘丹老师。她书中的一句话深深打动了我:"我找到了自

己的人生使命，那就是推广阅读与写作，影响百万书香家庭，让千万人爱上写作，活出闪闪发光的自己。"这种自利利他的行为，正是大爱精神的生动体现。许多弘丹写作社群的学员都视她为贵人——她切实影响了无数人实现实质性蜕变。我始终认为，以这般格局做事业，便是最有意义的事。

如今，我决定向弘丹老师学习，从以下两个方向出发。

·将写作与健康结合：创作健康科普类文章，用文字传递科学养生理念；

·将读书与健康融合：聚焦育儿、健康与个人成长领域，成为专业读书博主，通过解读书籍的方式为家庭与个人赋能。

我还希望通过传播饮食调理、心理疏导等方面的健康知识，助力更多人以更蓬勃的状态热爱生活。

生活确实不容易，但只要我们允许一切发生，像大地一样安然接纳生活中的种种波澜，我们就能在困境中不断改变，最终遇见更好的自己。要知道，改变从来都不是靠别人的说服完成的，它源于我们内心深处的突然觉醒。所以，一定要唤醒强大的自己，这样我们才能无惧生活中的风风雨雨，走出属于自己的康庄大道。

 **海妈黄慧**

从IT精英到中医传承者：
一个妈妈的
成长蜕变之旅

- 上市IT公司高级项目经理
- 非遗中医点穴传承人（档案馆可查名）
- 眼睛不烦创始人，已帮助10000多个家庭养护视力
- AI赋能大健康私域营收千万

"命运从不偏爱谁，但会眷顾每一个有勇气改变的人。"在人生的道路上，我们常常会因为一个全新的身份而迎来重大转变。对于我而言，"母亲"这一身份，便是我人生的新起点。它让我从一位上市IT公司高级项目经理，逐渐成长为中医传承者。这一过程充满了挑战与机遇，让我在不断学习和成长中，实现了人生的蜕变。

01 初为人母：迷茫与焦虑交织在一起

当孩子降临到这个世界，我成为母亲的那一刻，我满心欢喜地以为可以凭借自己的智慧和能力，轻松应对育儿的一切挑战。然而，现实很快就给我上了一课。

因为初为人母，不懂养育，孩子平时的感冒发烧就会让我措手不及、手忙脚乱。直到有一天幼儿园老师紧急给我打电话，说孩子在学校耳朵疼，需要立即带去医院检查。检查后，我才知道孩子得了鼻炎，并引发了分泌性中耳炎。从那天开始，长达两年的时间里，我们在各大医院奔波治病。这期间我也常常自责，恨自己粗心大意，怪自己没有照顾好孩子。

这份焦虑尤其在夜深人静，看到孩子因鼻塞而无法入睡时尤为强烈。孩子张嘴发出粗重的呼吸声，以及憋气时的呼吸暂停，都让我神经紧绷。我常常在夜晚崩溃到流泪，总是无助地对儿子说："妈妈真的想和宝贝换一个鼻子呀。"在儿童医院做的睡眠监测报告显示孩子有7秒钟的呼吸暂停。每晚，为了模仿儿子的状态，我常常憋着气，感受孩子无法呼吸的7秒的痛苦。每个白天，我总是盯着孩子张嘴呼吸的嘴型，和孩子一起感受无法用鼻子正常呼吸的不适。因为分泌性中耳炎，孩子说耳朵里面总像蒙着水，还会有"空空空"的声音，所以我经常会在孩子身后故意小声说话，只为测试他的听力是否受影响。

后来，面对医生提出的手术建议（鼻子腺样体切除手术和耳朵置管手术），看着手术单上的手术风险，我满心绝望却又别无选择。那些曾经在职场上获得的成就感，在孩子的病痛面前，瞬间变得一文不值。

02 人生的低谷与转折：在迷茫中寻找新方向

在孩子生病的那段日子里，我带着他四处求医。每个周末在各大医院的耳鼻喉科、眼科、内科三个科室间奔波成了我们生活的主旋律。因为鼻炎引发了结膜炎，孩子的眼睛总是痒，孩子频繁地揉眼睛；每天吃大量药物，结果孩子的肠胃不堪重负，肚子疼成了家常便饭。于是，每次去医院都要挂三个科。

我常陷入迷茫与反思，难道手术治疗真的是唯一出路吗？作为母亲，我倍感心疼与不甘心，开始寻找更多答案，内心突然迸发出力量。我坚定地相信，我一定可以将孩子恢复到健康的样子。我要成为最懂孩子身体的人，我要亲手给孩子开辟一条新生路！这个念头像野火燎原。这个坚定的信念支撑着我展开大量行动去寻找新的破局之路。

同时我开始意识到，现代医学并非万能，它有其局限性，而我作为母亲，也不能只是被动地依赖医生和药物。我开始反思自己的生活方式，回顾孩子从健康到生病的整个过程和细节，我告诉自己应该尝试一些新的方法，去帮助孩子恢复健康。我在书中寻找答案，在网络上浏览各种育儿知识，参加各种育儿论坛，希望能找到一条新的出路。然而，面对海量的信息，以及看到各大鼻炎群里焦虑的家长们的互动，我却越发感到迷茫。直到有一天，我在图书馆偶然翻阅到一本关于中医文化的宝典，那里面博大精深的理论和找根源的治病思路，瞬间吸引了我的目光。

03 中医传统文化的吸引与自我成长：从IT精英到中医爱好者

中医文化宛如一盏明灯，在黑暗中为我照亮了前行的道路。我被中医找根源的治病思维方式和人体经络穴位方面的内容所折服。中医不仅是一种治疗方法，更是一种生活哲学，强调人与自然的和谐共生，注重预防和调理。我决定深入学习中医，不仅是为了孩子的健康着想，更是为了自己能够在这场身份转变中找到新的方向。我开始研读各种中医经典著作。最幸运的是，我顺利拜师，成了中医传承人。我的老师是西安市非物质文化遗产中医传承人，并且多次受邀开展中医公益活动。在以前还没网络的年代，各大官方媒体都报道过。日本也多次邀请师父到海外教学，闻名海外。了解到这些后，我相信我的儿子有救了，我坚信一定有从根源解决鼻炎问题的方法。

在学习中医的过程中，我也遇到了许多志同道合的家长，我们一起交流学习心得，分享育儿经验。这段学习之旅，让我重新找回了对生活的热情和信心，并且学习后的每一天，我都在践行天人合一的生活方式并深深受益。

接触的内容从IT领域转到中医领域，这一转变并非易事。IT行业强调逻辑思维和数据分析，而中医则注重整体观念和辨证论治，两者的思想看似截然不同，却在我的头脑里奇妙地融合了。我学会了用中医的思维去看待问题，用IT的严谨态度去学习和实践。在这个过程中，我不断地挑战自己，突破自己的舒适区。从最初对中医一知半解，到逐渐掌握中医思维；从只能看懂简单的中医术语，到能够深入理解中医经典著作的内涵，每一次的进步都让我感到无比喜悦和自豪。我也开始将中医的理念融入自己的生活中，调整饮食结构，注重起居规律，用更加健康的方式去生活。我学会了通过观察孩子舌头的变化，以及孩子每天的大便情况，提前了解孩子的健康状况；学会了用身体的穴位和经络，预防以前困扰孩子的问题。

04 知识的传递与自我重塑：从"海妈"到"成长领航员"

在学习中医的过程中，我结识了许多同样焦虑的妈妈。她们在育儿路上遇到了各种各样的问题，有的因为孩子的鼻炎而担忧，有的因为孩子的身高问题而发愁，有的因为孩子近视而焦虑。我深知她们的心情，因为我也曾经历过那些黑暗的日子。于是，我决定将自己所学的中医知识和育儿经验分享给她们。我组织育儿公益讲座，举办中医养生公益沙龙，组建21天公益护眼群，带领家长和孩子做养眼操，让妈妈们了解中医的智慧，学习如何运用中医的方法来调理自己和孩子的身体。我分享的内容，从中医的基础理论到常见的养生方法，再到具体的育儿技巧，涵盖多个方面。妈妈们听完讲座后，纷纷表示受益匪浅，她们开始尝试用中医的方法解决育儿过程中遇到的问题，并取得了良好的效果。在我分享中医知识的这10年间，我帮助100多个孩子摆脱了鼻炎，帮助1000多人改善了视力。

这段学习之旅，让我完成了从"海妈"到"成长领航员"的蜕变。"成长领航员"不仅仅是一个称谓，更是一种责任和使命。我用自己的经历告诉其他妈妈，无论遇到什么困难，只要有勇气去改变，去尝试，就一定能够找到解决问题的方法。在这个过程中，我也不断地反思自己，如何更好地将中医知识和现代育儿理念相结合，为妈妈们提供更加实用和有效的建议。我开始关注儿童心理健康，学习相关的知识，帮助妈妈们解决孩子在成长过程中遇到的各种心理问题。我用自己的行动证明，妈妈不仅是孩子的监护人，更是孩子在成长道路上的引路人。

05 与时代共舞，拥抱AI：开启全新赋能篇章

在学习中医的过程中，我逐渐意识到，传统智慧与现代科技并不对立，而是可以相互补充、相互赋能。随着AI（人工智能）技术的飞速发展，我看到了AI在教育和团队管理方面的巨大潜力。我开始学习与AI相关的知识，探索如何将AI技术应用到孩子的教育和团队管理上，以提高效率，创造更好的未来。

我运用AI实时分析孩子的学习数据，提供针对性的反馈和建议，帮助孩子更好地掌握知识。例如，当孩子在数学学习中遇到困难时，AI会自动调整学习内容，提供更多相关的练习题和解释，帮助孩子逐

步克服困难。在带领团队时，我利用AI工具，帮助团队打造个人IP，并结合自媒体获取精准流量，再通过AI优化团队协作，增加私域运营创收。一年多的时间，我的私域营收达千万。

"改变是生活的常态，而勇气是开启新生活的钥匙。"回首过去，我从一名IT精英成长为一位热爱中医、致力于帮助其他妈妈的"成长领航员"。这一路走来，有迷茫，有焦虑，有挫折，但更多的是成长和收获。我学会了用中医的智慧去呵护家人的健康，用爱和耐心去陪伴孩子成长，用AI技术去提高效率和创新能力。我也希望我的故事能够激励更多的妈妈去勇敢地面对生活中的各种挑战，不断学习和成长。让我们一起用勇气和智慧，为孩子们创造一个更加美好的未来。

白雪

破茧重生的自我超越

- 教育工作者
- 从小热爱写作
- 有多年教育培训经验

人生每一次挑战，都是破茧成蝶的序章，破茧重生的过程虽然痛但很美丽，只有坚持下去才能看到蜕变后的辉煌。我们常常仰慕那些改写命运的成功人士，却忽略了他们是不甘现状而努力改变自己的勇敢者。曾经的我也在初入职场时豪情万丈，自诩为夜空中那颗最耀眼的星，可现实却像一盆冷水，无情地浇灭了我所有的梦想。无数个凌晨3点，我盯着手机屏幕，"提交辞职申请"这几个字在我脑海中反复挣扎，改变的契机若隐若现，似乎是在考验我对梦想的执着。

01 晨起初露微光：重拾画笔的勇气

大学毕业后，我遵循父母的意愿，进入一家待遇稳定的企业，成为一名普普通通的职员。浑水摸鱼的日子，生活变得像一张逐渐褪色的老照片，每天都是单调的两点一线。曾经那个熠熠生辉的梦想，在平淡的生活中渐渐失去了色彩。我常常感到迷茫，总觉得生活中缺点什么，是曾经的激情，还是坚持梦想的动力？

一个周末的午后，我在整理旧物时，偶然翻出了大学时期的画本。画本里那些光影交错的素描、色彩斑斓的水彩画、浓墨重彩的中国画，还有栩栩如生的油画，每一幅都记录着我大学时代的激情与梦想。曾经，我是多么热爱美术呀，画笔是我手中的生命，画面能够勾勒出我心中对所有美好的憧憬。

那个晚上，我躺在床上，望着天花板，大学时参加绘画比赛获奖的场景、老师的表扬、自己立志成为画家的誓言，如潮水般涌上心头。我不禁问自己，难道真的要在这份一成不变的工作中度过一生吗？我失眠了一段时间，经过漫长而激烈的思想斗争，我终于下定决心——重拾画笔，哪怕前方的道路充满未知和荆棘。这个决定，就像是晨起初露的微光，给了我无限的希望。

02 调色板上的描摹：饱蘸颜料的勇气

从那以后，我仿佛找到了生活的方向，利用所有的业余时间学习美术。我报名参加了线上绘画课程，购买了大量的专业书籍和绘画工具。下班后，我不再像从前那样瘫在沙发上看电视，而是坐在画板前，专注地练习素描、色彩和构图。每一次拿起画笔，我都感觉自己离梦想又近了一步。

然而，周围人的不理解让我倍感压力。父母每天都在叹息，他们担心我会放弃稳定的工作去追求一个不切实际的梦想，常常苦口婆心地劝我回归"正途"；同事们也对我的选择嗤之以鼻，笑我异想天开，渐渐地与我疏远。面对这些质疑和嘲笑，我的内心充满了挣扎，无数次问自己：是不是应该放弃，回到过去那种安稳却平淡的生活？不，我不退缩，一定要做自己喜欢的事。

为了提升自己的绘画水平，我利用年休假参加了线下绘画集训营。在那里，我结识了一群志同道合的画友，大家都怀揣着对美术的热爱，从四面八方汇聚而来。在集训营里，我学到了更多元化的绘画风格和技巧，也看到了自己与他人的差距。这让我更加深刻地认识到，绘画之路还很漫长，需要我不断地努力和探索。集训营结束后，我带着满满的收获回到家中。从此，我的生活变得充实而忙碌，虽然疲惫，内心却渐渐平静下来，因为我知道，我正一步步实现梦想。

03 色彩勾勒画布：创意人生的瞬间

　　经过几个月的刻苦练习，我的绘画水平有了显著的提高。我开始尝试创作完整的作品，并将它们发布在网上。起初，这些作品并没有引起太多人的关注，但我并没有因此而气馁。我坚信，只要坚持下去，就一定会有收获。于是，我继续努力创作，不断尝试新的风格和题材。

　　一次偶然的机会，我的一幅作品被一位画廊大老板看中。老板对我的作品赞赏有加，邀请我举办个人画展，还表示愿意代理我的作品。这个突如其来的好消息让我激动得热泪盈眶，不敢相信自己多年的努力终于得到了回报。我深知这次画展对于我来说意义非凡，它是我实现梦想的路上一个重要的里程碑。

　　为了准备这次画展，我投入了全部的精力。我精心挑选参展作品，反复修改完善，不仅追求绘画技巧的完美，更在作品的主题和内涵上下足了功夫。我希望通过这次画展，向观众传达我对生活的独特感悟，展现出我在绘画道路上的成长与坚持。筹备期间，各种困难接踵而至，作品的装裱、展览场地的布置、展览时间的协调等，每一个环节都充满了挑战。但我并没有被这些困难吓倒，而是想尽办法一一克服。每天下班后，我就马不停蹄地投入画展的筹备工作中，常常忙碌到深夜才回家。长期的劳累和压力，让我的身体不堪重负。有一天，我突然两眼一黑，晕倒在地，被紧急送往医院。医生诊断是过度劳累，需要好好休息。然而，住院的那几天，我的心里依然牵挂着画展的筹备工作。刚一出院,我便迫不及待地投入工作中,晚上继续积极准备画展。

终于,画展如期举行。当我站在画廊里,看着自己的作品挂满了墙壁,被人们不停拍照、欣赏、称赞,心中涌起一股难以言喻的成就感和喜悦之情。那一刻,我知道,所有的坚持和努力都是值得的。有些观众购买了我的作品,我受宠若惊,他们的认可和喜爱让我感到无比的知足和幸福。

04 灵魂的画架:困境中坚守的勇气

然而,命运却突然跟我开了一个玩笑。我的家庭遭遇了重大变故,父亲突然生病住院,病情危急,需要巨额的治疗费用。为了照顾父亲和支付高昂的医疗费用,我不得不暂时放下心爱的画笔,四处奔波,寻找解决办法。

就在我被生活的压力压得几乎要崩溃的边缘,一束温暖的光照进了我的世界。我陆续收到了很多粉丝的留言,他们在留言中表达了对我作品的喜爱和支持,鼓励我不要放弃绘画。其中有一句话深深地触动了我的内心:"你的作品曾给我带来希望和力量,我相信你一定能渡过难关,期待你画出更好的作品,加油!"这些真挚的话语,如同一股暖流,流进我的心间,让我在绝望中看到了一丝希望。

于是,在照顾父亲的间隙,我重新鼓起勇气,拿起了画笔。在医院的病房里,我画下了一幅幅小素描,记录下生活中的点点滴滴。虽然创作的时间和精力非常有限,但我心中对绘画的热爱从未熄灭。画架在风暴中虽然摇摇欲坠,但它始终挺立不倒,就像我对梦想的坚持，无论遇到多大的困难，都不会轻易放弃。

05 风雨过后的绚烂：勇气与坚持的馈赠

在家人和医护人员的悉心照料下，父亲的病情已经好转，我的生活也慢慢恢复到以前的状态。在这段艰难的日子里，我从未停止绘画。那些在困境中创作的作品，仿佛被赋予了特殊的生命力，更具内涵和情感，也因此获得了更多人的喜爱和认可。

不久，家门口的绘画培训机构招聘美术老师，我就自告奋勇去报了名。幸运的是，我顺利被录用了。第一天走进教室，看到那么多稚嫩的脸庞和天真可爱的表情，我的内心瞬间被温暖和感动填满。在与小朋友们相处的过程中，我深深感受到了他们对绘画的纯真热爱和无限想象力。每晚，我都和小朋友们一起沉浸在绘画的世界里，耐心地辅导他们。

在教学过程中，我发现了一个独特而实用的教学方法。我让小朋友们先完成绘画作品，因为每一幅画都蕴含着一个独特的故事情节。然后，我会邀请每个小朋友上台，用生动的语言描述自己画中的故事。这个方法不仅锻炼了他们的口才表达能力，还为他们的作文积累了丰富的素材，激发了他们的想象力。后来，美术课上，我又增加了音乐元素和英语对话。果然，经过一段时间的训练，小朋友们的作文水平和英语水平都有了显著的提高，家长们也对我的教学方法赞不绝口。

回顾自己的人生历程，我深知改变是多么不易，每一次的蜕变和成长，都伴随着痛苦的挣扎和不懈的努力。但只要拥有勇气和坚定的信念，就一定能够突破困境，实现自己的梦想。未来的道路，或许依然充满挑战，但我已无所畏惧。因为我已拥有改变的勇气和坚持的力量，这是我人生中最宝贵的财富，它如同明亮的灯塔，引领我在艺术的海洋中破浪前行，驶向更加辉煌的彼岸。

 **颜学梅**

跟着月亮走，乘风逐梦
——我的逆袭之旅

- 中国青年作家学会理事
- 青年作家网、中国海南海岛作家村签约作家
- 2023年加入"书香学舍"
- 作品在全国各类征文比赛中荣获多项大奖，入选《纸满云烟》《富足的力量》《2024年度华语文学精品选》等书

我用7年的时间跟着名师学习写作。从稚嫩的文字表达到学会用语言清晰地勾勒人生中的沉浮悲欢，疗愈心底的伤痛，这一切都源于热爱。有贵人和恩师一路扶持，我在崎岖坎坷的逐梦之路上披荆斩棘，终于走出生命的沙漠，看到花开四野的绿洲。

01 望着月儿，我找到解脱之道

那一夜，月儿用她那清丽的目光把我唤醒。梦醒之时，我轻启心扉，打开记忆的闸门。无数的往事在我眼前闪烁，近得触手可及。

时光回到2016年大寒时节，那是我人生中最哀痛无助的时刻，我眼睁睁看着悉心呵护自己的父亲在身边逝去，无语凝噎泪湿衣襟……

这时，淡淡的月光柔柔地倾泻在我身上，映亮那颗疼痛孤单的心灵，瞬间穿透冰冷击退哀伤。万千往事齐涌心头，就像一部起伏跌宕、细节感人的小说。我凝眸回望月儿，忽然得到解脱之道。我有强烈的渴望，要提笔叙述过往人生的种种苍凉和愉悦，把那些值得留恋的往事落笔成文，印刷成字，让它们永远不会被遗忘。

02 遇见恩师，重拾文学梦

从此，我远离喧嚣，过起了隐居的生活，把有限的时间和精力都花在自己热爱的事情上。但我手中有笔，胸中无墨，写不出心灵的诉语。于是，我遍访名师，以求他日登高望远，一览众山小。

2018年1月，我偶然在简书平台读到周卫英老师的作品，他的文笔流畅，情真意切。作者所发的感想都是自身灵魂的告白、肺腑之言，也是真知灼见。我不禁大为折服，恭恭敬敬地拜他为师。恩师的文字，是从觉悟境界中流淌出来的智慧甘霖，让我乐而忘忧，悲亦能释怀。在他的指引下，我迷茫的灵魂找到出路，困惑的内心得到解脱。

从2021年开始，我先后加入诗人苏子由的"深度读书会"、牛皮明明老师的读书会和写作私教班。通过恩师的领读，我充分领略《百年孤独》《万历十五年》等著名的作品，增长了见识，开阔了视野。

记得有一次，我收到助教行之老师的作业点评："你之前的写作更多是一种乐趣和享受，但是如果要更专业，就需要更多的体系化训练，要吃写作的苦。"恩师的谆谆教诲，使我内心豁然。

2022年9月，我报名参加《读者》签约作家包利民老师的写作班。有时候，包老师在群里分享自己写的看图写话。他三言两语就能把图中的人物和风景描摹得淋漓尽致……我不胜羡慕，下定决心，要努力向充满天赋又无比勤奋的老师学习。

名师良友相伴，我求知若渴，不懂就问，慢慢开窍了。我开始尝试用文字记录自己的所见所闻所感，投稿到美篇里的"汤圆文学社"。在歌乐听涛社长的推荐下，我的美篇总阅读量一路攀升，超过160万。

每次我提交作业，老师都会鼓励我："写得挺好，描述得很生动，一点也不枯燥乏味……"老师的鼓励，激发了我的学习热情。我写得越发勤奋。我跟随包老师学习3年，写作能力迅速提高，自信心也增强了。

恩师让我明白：无论处于怎样艰难的际遇，只要你矢志不移，循着梦想的方向前进，就能走出一片广阔的天地，把自己的人生打造得灿烂辉煌！

03 生命中最美的花开

2023年6月，我跋涉的灵魂在青年作家网找到憩息的家园。夜深人静时，我拿起笔来，打捞遥远的记忆，将过往一一细数，写尽五味杂陈的旧事。

就在那时，在王勇和秋君两位老师的推荐下，我回忆父亲年轻时在鼓浪屿求学的故事《扬帆起航，改变命运之旅》刊登在《青年文学家》上。我读着自己首次发表在省级刊物的散文，雀跃不已，希望开始燃烧了。

2024年9月，我收到青年作家网程老师寄来的新书《纸满云烟》。这是一本获奖合集，收录了我参加"中国青年作家杯"大赛的征文《被疼痛唤醒的幸福》。我一边捧读这本散发着淡淡墨香的书，一边流着悲喜交集的泪水……

有一天，我偶尔翻看青年作家网赠送的刘小亮老师散文集《生命的梯度》一书。作者以细腻的笔触，展现鹭岛的古渡口、老厝宅和军营的风采，深深地打动了我。经过一番酝酿之后，我写了一篇读书随笔《在时光影像馆中寻找生命的意义》，首发在青年作家网。当年10月，我鼓足勇气，把此文投寄给了第2届"魅力中国"当代诗歌散文大赛组委会。一个月后，我收到中华作家网发来的喜报。这篇随笔竟然获得了一等奖，真是个意外惊喜！

我捧着获奖证书和奖杯，想起自己在一个个不眠之夜艰难地创作，感到所有努力都没有白费。我兴奋得心脏怦怦乱跳，把此文发表在自己的公众号，并分享到朋友圈。我很快收到好友们真诚的赞美。

《生命的梯度》作者刘小亮老师给拙作留言鼓励:"恭喜颜老师妙笔著书评,文章获榜奖……";荣获"2023年度中国散文年会十佳散文集奖"的江西作家刘晓林老师也对我表示赞赏:"一分耕耘,一分收获!祝贺美文获奖……"那些温暖的留言,就像窗外微风带来的缕缕清香,芬芳了孤寒无助的夜晚。

经过7年光阴的洗礼,我从写作小白成长为多平台签约作家,终于笔耕有成。一篇篇细心打磨的作品、一个个催人泪下的红尘悲欢故事,一次次打动全国征文比赛评委,赢得许多荣誉。一本本新书合集相继问世。我还受邀担任其中两本获奖合集编委……

回溯往昔,我屡次向人品与才学俱佳的老师虚心请教写作的诀窍。在老师们的指引下,我一点点搭建文学梦想的殿堂。每当有好消息时,我都会向常常给自己指点迷津的恩师报喜。我向他们展示自己的每一个进步,并表达内心的感谢……

想着这些,我心里溢满感恩。从前,我有如大海一孤舟。正因为生命中的贵人老师一路扶持,不管命运的大海如何波涛汹涌,我都不偏离自己的航向,破浪前进。我渡尽劫波,终于抵达幸福的彼岸,迎来生命中最美的花开。

04 跟着月亮走,乘风逐梦

我望着亮闪闪的月牙儿,思绪如野马般肆意狂奔。耳边忽然有歌声飘过:"这世界一直公平……予你孤寂清冷,也会陪你逐梦乘风……"

这是明空如月和枫舞清秋两位师友的原创诗词音乐《人生是一场

修行》。听到这首歌，我内心澎湃。不由得想到：曾几何时，我在荆棘道路上艰难跋涉，只为乘风逐梦。前进的旅途，有一些携手做伴的朋友陪我走过泥泞与黑暗……

"陶然居"是一个充满温度有爱的大家庭，群主是恩施作家陶语。她通情达理，待人诚挚，深受群友们的爱戴。她每次看到我的美篇，从不吝啬发自内心的赞美："小颜写作很用心，一篇文章要反复打磨。现在，她的文章读起来很流畅了，情感也很饱满……"寥寥数语，恰似春天的甘霖，清清凉凉地温润了我的心房。

记得有一次，陶语邮寄给我一本"全国少数民族文学创作骏马奖"作者徐晓华赠送的签名版新书《优雅的土地》，让我先睹为快。作者笔下的乡村小人物，以顽强的斗志、勤劳的双手和默默耕耘，战胜生活的艰辛。他们闪光的心灵犹如明灯，照亮我前进的道路。

在陶语的引荐下，我认识了她笔下的恩施著名作家安丽芳。安老师赠送我由莫言亲笔题名的散文集《施南往事》，并留言："你是一个非常刻苦，有个性的作家。我们互相学习，共同进步！"老师的这句话给了我莫大鼓励。看着看着，我的心慢慢濡湿。

在天高云淡老师的引领下，我走进"雁城读书会"，与大家一起共读雪漠老师的经典著作《爱不落下》，分享自己的读书感悟。霎时，一颗颗炽热的爱心向我涌来：明空如月老师不仅为群友答疑解惑，还大方地赠出自己的墨宝。红帆老师送我一套雪师的书，并留言鼓励："颜老师的文章写得很好，向您学习……"每次我参加共读活动，都能听到朋友们怀着充沛的激情传播文化：在雪师无边的智慧加持下，夕照月师妹带着大家奋发向上。她自己也找到治疗身心灵困境的良药……众文友的无私付出与分享，让我感受到大善文化的力量在传递，在飞扬，在澎湃……

　　2025年4月，我参与共创的作品合集《富足的力量》荣获当当新书热卖榜投资理财类第一名。这时，我收到喜报：入选《2024年度中国最具影响力诗文作品排行榜》一书的原创散文获得二等奖。消息传来，朋友们的赞许和祝福一个接一个涌来。90后作家卢佳佳在群里分享她的公众号推文："梅姐姐的新书合集《富足的力量》像一场及时雨，滋润了我的心扉……"优哥给我留言："颜老师的作品给人温暖，给人力量，给人希望……"文友杨志年特意请一剪梅老师挥毫泼墨，为我题字："富足的力量""我的人生逆袭——从小白到签约作家"……这些字字句句，在我的生命中印进难以磨灭的温暖。

　　在透明的月光下，我的回忆绵绵泛滥，心中有感动在涨潮。当苦难如寒冬般降临，那些因文字结缘的朋友们，伸出一双双温暖的手，为我拭去落在身上的霜雪，将我往阳光的方向牵引。在他们的温暖关怀下，我走出心灵的泥淖，不再痛苦焦灼……

05 坚持热爱，让生命灿放如花

　　我站在星月下，任凭记忆翻涌。当我从坎坷的时光中走出，回眸成长的岁月，曲折的道路上每一个脚印都坚实而有力量，浸透了泪水与血汗。那些点点滴滴的付出与努力，都是给梦想的种子施肥浇水。熬过独自疼痛的时光，我终于带着梦想飞到高处，迎来凤凰涅槃般的精彩。

　　最后，我想对在低谷里穿行的朋友说："你现在经历的许多挫折与磨难，都是未来幸福的伏笔。只要你心中充满爱和希望，不断往美好的方向努力，勇于改变，就能穿越命运的阴霾，收获意想不到的惊喜。愿你历经风霜，依然坚持自己的热爱，让生命灿放如花。"

清优

在改变中
遇见更好的自己

南京大学研究生 ●
国企职员，县作家协会会员 ●
愿用文字记录生活，分享所思所想 ●

我曾经是一个沉迷于过去的人，总是念念不忘曾经的痛苦和失败。直到我有了改变的勇气，我的人生才开始变得不一样。

01 接纳痛苦，改变心态

13岁那年，我的世界彻底崩塌了。

我永远都忘不了那个寒冷的冬日。清晨5点，有人在家门口叫母亲的名字。母亲一听是她姐夫的声音，就知道出事了。然而，我从来没有想过会是这样的噩耗。

我的父亲是一名货车司机。那天凌晨1点多，他去外地送货。途经宜兴时，父亲把车停靠在路边，下车检查车头的照明灯。突然一辆大货车从后面直接撞上来，在车最前方的他一下子被撞出了好几米远，最后掉进了附近的河里。在那个零下5摄氏度的冬天，他在冰冷的河里浸泡了很久，而且后脑被撞破，流了大量的血。等到同行的伙伴下车把父亲救上来，再等救护车来将他送进医院时，父亲已经不行了。年仅39岁的他就这样离开了这个世界。

接到噩耗的那一刻，我难以置信。那是我第一次体会到亲人离世的痛苦。我无法相信那个疼我爱我的父亲，真的彻底离开了我，心痛得无法呼吸。

母亲听到这个噩耗时，脸色变得苍白，双腿发软，几乎要倒下。她难过得一度想跟着父亲去死。她说她们夫妻俩一起走过了这么多年，如果没有父亲在身边，她的生命就没有了意义。看着母亲的眼泪不停地流淌，我无法安慰她，因为我也无法接受这个事实。

母亲责怪她姐夫没有立即将父亲送到医院，而是选择先跑回家给我们报信。她说如果他们及时送医，而不是让父亲浑身湿透地在零下5摄氏度的冬天干等救护车那么久，父亲也许就不会离世。可是一切都已成事实，责怪又有什么用呢？

在火化场，看着父亲的遗体被慢慢推进火炉，我挣扎着想冲出去，和父亲一起离开，但是被身边的亲戚用力抓住了。那一刻，我第一次近距离体验到什么是肉体的消失，什么是真正的死亡。我无法理解为什么人这么渺小，这么容易就失去了生命，更无法想象没有父亲的世界会是什么样子。原来被留下来的人才是最痛苦的。

世界离开了谁都照样转。父亲离世的事实已经无法改变，被留下来的我们母女三人只能面对现实，尽力去适应这个没有他的世界。

父亲的过世，成了我一生中最大的痛。那个温暖的背影，那双引领我成长的手，那些鼓励的话语，那个慈爱的父亲，所有一切都在一夜之间消失了。每当想起父亲，悲伤就会涌上心头，无尽的痛苦就会侵袭我。

我曾无数次梦见父亲，梦里的父亲总是告诉我，他并没有离开我们。每次梦醒，我都相信，父亲真的并没有离开我们，虽然他的身体离开了我们，但是他也许正在用其他独特的方式默默守护着我们母女三人。我知道父亲希望看到我勇敢地面对生活，实现自己的梦想。所以我改变了自己的心态，学会了接受这份痛苦回忆，慢慢抚平心中的伤痕，珍惜当下的生活，为自己的人生奋斗，让离世的他在天堂看到我过得很好，让他放心。

02 幡然醒悟，成功圆梦

2010年，我高考失败了。

高考成绩只能进普通大学。面对昂贵的学费和内心的不甘，我决定重新给自己一次机会，进行复读。

在复读期间，我真的非常努力，成绩也很好，在月考中取得过全班第一名的成绩。

本以为这次肯定能考上目标大学——南京大学，但是第二次的高考还是发挥失常，结果还是只能进普通大学。

两次高考的失败，给我带来了巨大的挫折感和不自信。那时每次想起高考失败的经历，心中涌起的压力和自责几乎让我无法呼吸。我责怪老天不公平，自己已经付出了所有的时间和努力，为什么最后还是没成功？我开始严重怀疑自己，变得非常不自信，觉得自己就是一个失败者，做什么都不行。

这种心态让我在进大学的第一个月里彻底放纵自己，每天睡懒觉、逃课、自暴自弃。直到有一天，正在睡懒觉的我被检查宿舍的辅导员抓个正着，她严肃地问我："你父母花了这么多钱供你来大学读书，难道是让你来这里睡觉的吗？你对得起他们吗？"

一语点醒梦中人。在那一刻，我感到非常对不起母亲。在父亲去世后，母亲每日辛苦赚钱，做各种兼职，自己不舍得吃穿，省下每一分钱，努力把我送进全县最好的高中，又全力支持我复读。在爷爷奶奶让我放弃读大学的时候，她坚持让我继续读书。因为她认为读书能改变命运。而我却还在大学里逃课睡懒觉，怎么对得起正在拼命赚钱的她呢？我只一味地沉浸在自己的失败和悲伤中，却忽略了母亲的感受，她才是那个最伤心和无奈的人。

从此，我开始改变自己。我意识到，高考只是人生的一个阶段而已，高考失败并不代表未来的一切都会失败。未来我还有无限可能。想要获得成功，唯有付出不亚于任何人的努力。

在之后的四年大学时光里，我拼命努力学习，充分利用图书馆和自习室，努力提升自己的专业知识和能力，每学期都拿到了奖学金和所有专业证书。我还积极地去参加了社团和实践活动，担任院学生会办公室主任和系辅导员的小助手，提升自己的综合素质和实践能力。

大学毕业后，我成功进入当地的国有企业工作。2023年，公司下发了一份人才提升方案，文件中提到的研究生学历这几个字，让我又想起了曾经的南大梦。36岁的我立即决定给自己一个机会，选择考研，提升学历，实现高考时未能实现的梦想。

在100天的复习备考期间，我制定了详细的学习计划，每天充分利用早起和晚上的业余时间学习，并根据自己的复习效果不断调整学习策略，提升考试技巧和应试能力。最终，经过初试和复试，我成功地考上了南京大学。

这次的考研成功，让我明白：无论是成功还是失败，都需要我们用正确的态度去面对和处理。失败并不可怕，重要的是我们要有改变的勇气，勇敢接受失败，从中吸取教训，继续提升自己，坚持实现梦想。

正如剽悍一只猫所说：让自己变得更好，是解决一切问题的关键。

03 产后抑郁,写作疗愈

2020年2月13日,我迎来了自己生命中的第二个小天使,二胎女儿的出生本应是充满喜悦的时刻,然而现实却给我重重一击。生产时撕心裂肺的疼痛还历历在目,月子中的各种不适如影随形,身体还没恢复过来,荨麻疹又开始反复发作,瘙痒难耐,让我整夜整夜无法安心入睡。而新生儿无休止地要夜奶,让我本就疲惫不堪的身体更加吃不消。再加上同时要照顾两个孩子,那种手忙脚乱、身心俱疲的感觉,至今回想起来仍让我心有余悸。

在这样糟糕的状态下,我陷入了产后抑郁的深渊,整天闷闷不乐,对生活失去了热情,经常整夜失眠,满脑子都是负面情绪。莫名地发脾气或伤心成了家常便饭,甚至会对孩子大吼大叫,事后又满心愧疚。看着镜子里那个憔悴、焦虑的自己,我深知不能再这样下去了,可又不知道该如何改变。

这样煎熬的日子持续了两个多月,直到2020年4月23日,我在网络上偶然看到了弘丹老师的7天写作打卡体验营。那一刻,仿佛有一道光突然照进了我的生活。我决定加入尝试一下,而这个决定,成了我人生中一个重要的转折点。

之所以选择学习写作,一方面是因为我从事的是党建工作,工作中需要经常撰写公文方案。在职场竞争日益激烈的当下,提升写作能力就意味着提升自己的职场竞争力。另一方面,我内心深处也充满了对未来的担忧。产假结束后回归职场,同事们可能已经替代了我的工作内容,我感觉自己没有任何优势可言。与其在家里整天内耗和焦虑，不如做出改变，转移注意力，趁产假期间学点新东西，悄悄提升自己。而跟着有结果的牛人学习，无疑是让自己变得更好的第一步。

加入写作体验营后，我每天认真学习老师的音频课程。起初，我对写作是又讨厌又害怕，总觉得那是高不可攀的事情，自己肯定写不好，也坚持不了7天。但随着课程的深入，我逐渐被老师的讲解所吸引，开始尝试着去写。从最初的生硬、无从下笔，到后来慢慢能够顺畅地表达自己的想法，我发现自己竟然开始喜欢上写作了。我不仅全勤完成了所有作业，而且在不知不觉间，原本糟糕的心情也得到了疗愈。我惊讶地发现，原来写作具有强大的疗愈作用。

于是，我在产假期间坚持写日记，以此来疗愈自我，同时培养写作的习惯。每天把那些积压在心底的情绪、生活中的点滴都写下来，就像是在和自己对话，把内心的阴霾一点点驱散。通过写作，我重新审视了自己的生活，也更加理解了自己作为母亲、作为职场女性的多重角色，内心的焦虑和迷茫逐渐减少。

从此之后，我开始专注于阅读和写作。我大量阅读各类书籍，不断拓宽自己的知识面，积累写作素材。同时，我也积极向各类平台投稿。很快，我的努力得到了回报，成功实现了上稿。当看到自己的文章被发表出来，那种成就感和喜悦无法用言语表达。

现在的我，早已不再害怕工作中的公文写作。通过不断地锻炼和积累，我在写作方面有了很大的进步。至今，我已上稿几十篇文章，并且在2023年4月成功加入了当地的县作家协会。

回首这段经历，我深刻地认识到，改变需要勇气，更需要行动。当我勇敢地迈出那一步，去尝试新的事物，去挑战自己，生活就会给我意想不到的回报。写作不仅让我走出了产后抑郁的阴霾，更让我在职场和个人成长上都获得了巨大的收获。它让我明白，无论生活给你带来多少挫折，只要你有勇气去改变，去寻找属于自己的出口，就一定能够找到属于自己的那片光明。

谷升

改变是主动进行认知迭代，站在未来看现在的自己

企业营销顾问，有20年营销实战经验
前阿里铁军销冠、前阿里云运营专家
服务过1100家中小企业，帮助企业打造销售铁军团队

01 改变不是与命运对抗,而是以认知迭代为燃料

我现在是一名企业营销顾问,命运兜兜转转,我圆了大学时的梦想。大学时最想从事的职业是营销策划,但毕业后做了销售,一干就是15年。

我离开阿里后,创业去做外贸、跨境电商,殊不知命运和我开了个大玩笑,从阿里挣的钱,在创业中赔光,因为专利问题,我痛定思痛,终止了我的第一次创业。

第一次创业让我明白:人只能挣到认知以内的钱,凭幸运挣的钱,凭实力亏进去,我对创业有了深深的敬畏。

第一次创业结束后,我并没有快速开始第二次创业,而是用半年的时间思考、学习,在商业资深老师的指导下,重新梳理自己。我以前一直是为企业客户服务,所以非常熟悉企业在不同阶段遇到的团队问题。我自己曾经也取得过销冠的称号,并且阿里的体系化、中台思维,让我能在服务5000万以上体量的企业时得心应手。

命运的齿轮再次转动,我深刻体悟到:

知止,是创业的重要一课,看见自己,找到擅长,放对位置。

我终于找到了我的热爱与擅长,现在营销咨询服务的新能源企业,从一家地市公司升级为集团企业,从一家卖设备的公司升级为一家卖解决方案的公司,企业利润从5%提升到15%,销售团队实现2天签单400万的业绩,销售团队逐渐打造为铁军团队。

我的价值在企业服务中得到验证。我从互联网大厂获得的经验和能力圈，对处在从0到1初创阶段的企业可能发挥不了优势。但在帮助企业从10到100发展的过程中，我能做好顾问服务，帮助企业实现营收增长，从而发挥我的价值。在这过程中我自己也更有成就感。企业效益好，能帮助更多人就业，为企业的员工带来更好的生活，我的社会价值岂不更大？

无论是个体还是企业，都需要借助正向反馈来增强自己的信心。

成功才是成功之母！

面对生活和工作中的种种变化，我每一次都可以积极面对。2025年，我好好做了一下人生复盘，我能积极面对变化或许与我的成长经历和职业经历有关。

02 人生第一课：母亲教会我要坚强，不惧命运的变故

我从小生活在山东某县的农村家庭，20世纪90年代时，因为父亲有很好的经商头脑，敢想敢干，初中之前的生活是非常富裕的，可命运就是这么爱戏弄人。我上高中时，因猪瘟、资金方面出现问题等，家里的养猪场倒闭。爸爸心情低落郁闷，开车时出了车祸。这个时候又恰逢我即将考大学，爸爸的医药费压得妈妈喘不过气，妈妈还要照顾生病的爸爸。当我拿到录取通知书时，妈妈想尽一切办法让我上大学。我深知家里的不易，也动摇过，站在人生岔路口，我用抛硬币来决定自己的命运，硬币落地的清脆声响起后，我决定去上大学。知识改变命运，高考成为我撬动命运的支点。

回顾我这20年，每一次面对抉择和改变，我骨子里都透着和妈妈

一样的韧性和坚强。

现在，我也是两个孩子的妈妈，我的成长经历使我深深地感受到母亲对孩子的影响是一辈子的，我的体悟就是：为母则刚，对孩子的教育不是靠单一说教，而是要通过言传身教，用行动去影响下一代。

03 职业生涯第一课：从事最锻炼人的职业 ——销售

大学毕业后，我很想改变生活窘迫的现状，毕业后留在省会城市。在这个城市只有靠自己打拼。当时我特别想成为在5A写字楼里出入的精英，那时天真的我，以为在高档写字楼工作的人每天都会吃西餐。我一定要应聘一家在5A写字楼办公的企业，于是锁定一家深圳企业的分公司，经过3轮面试，我被录取并加入销售团队。我非常珍惜这次工作机会，也很清楚自己的优势和劣势。我是新人，专业能力不够，但我勤奋、胆大。当时我就凭借一股韧劲，跟进5个月，拿下280万某厅的采购合同，现在回想起来，做销售的首选动作是迎难而上，不要退缩，要想办法。我也曾经历过在门卫处进不去门，找不到关键人，不懂投标等问题，销售技能不就是在与客户谈判的过程中修炼出来的吗？

做销售是改变命运最快的职业！做销售，不要怕困难，更不要预设假问题，世间本没有"关系"，关系都是围绕着需求和项目配合而来的。

04 职业生涯第二课：唯一不变的是变化，要勇于拥抱变化

2007年底，一次在电梯的对话，改写了我的命运。

我做传统销售业绩还不错，但老板不讲诚信，我拿不到该得的销售提成，收入并不算高，可我又特别想改变生活现状。我在电梯里听到阿里巴巴在对面酒店招聘的消息，有上千人应聘，当时我并不知道阿里巴巴是干什么的，很疑惑为什么有这么多人去应聘。后来知道，原来在阿里做销售厉害的人一个月收入过万甚至过十万，关键是第二个月就能拿到提成，我眼睛放光，丝毫都没有迟疑就去应聘了。第一次应聘时，已经是下午6点，面试结束，很可惜错过了。我有股不服输、不认命的劲头，下个季度还有招聘，我了解到阿里选人特别严格，就去找人了解阿里招聘销售时看重什么能力。我凭借一股又傻又天真、又猛又持久的韧性，以及超强的执行力和吃苦精神，从1000多人的面试中脱颖而出。当时那一批只招了我们4个，这么难得的机会，我特别特别珍惜，也特别特别想要挣钱。

做销售时，我没有像其他人一样在办公室里打电话，而是用脚去丈量市场，每月跑烂一双皮鞋。当时公司要求每天拜访8家客户，而我要求自己每天拜访15—25家客户。我记得非常清楚，一次大雾严重的天气，能见度只有十几米，我依然坚持跑客户，连客户都佩服我。业绩会说话。"笨功夫"真正帮助了我，客户跟我持续签单，我的故事在阿里内网传播。每年我都能拿到公司的股票奖励。

告诉你一个我的销售秘诀，你相信吗？在下雨天、下雪天去拜访重要客户，签单更快、金额更大。很多销售抱怨雨雪天气不适合拜访客户，我却非常兴奋，反而比平时更紧凑地安排拜访事宜，因为在雨雪天，老板、关键责任人一般都在办公室。信任因此很快建立，能很快和客户进入深聊状态，签单特别快。所以，积极面对人生的每一天，财神会青睐热爱生活、积极向上的人。阿里铁军的经历彻底改变了我的人生。在阿里第一年我就买了第一套房。我独特的"签单秘诀"帮我签下很多大单。有兴趣的朋友可以加我的微信，共同探讨交流。

我特别想向你分享我的体悟：在30岁前一定要选择好职业方向和赛道，好好拼搏，35岁以后你会感谢曾经努力的自己！

05 职业生涯第三课：我是终身学习的受益者，成功转岗阿里云

我是终身学习的倡导者和践行者，在阿里时我率先组织企业老板南下杭州、温州、深圳等地向优秀的企业学习。只有走出去，打开视野，提升思维，企业发展才能破局。认知升维会带来职业转运。

很多女性或许也和我一样，生娃后回归职场，面临工作不适应、失去岗位、职位降低等情况。我用我的经历告诉职业女性，要用这段时间去学习，让自己增值，无论是精进技能，还是提升学历。总之，让自己越来越值钱是职场晋升的不二法宝。

经历过一次生娃后回归职场的痛，怀二宝和产假期间我没有躺平，更没有休息，而是学习深造了PMP（项目管理专业人士），大着肚子看书、上课，腰真的很疼，但我还是坚持下来了。功夫不负有心人，我一次就通过考试，对项目管理有了专业的认知。

我因为有项目管理的体系化和运营管理的经验，成功转岗阿里云。从原来谈判几十万的订单，到整合资源把控节奏操盘几千万的订单，主导的区位经济产业赋能创新项目，整合阿里集团的资源赋能区

域产业。这对我的能力提升太重要了。

我再次体悟到：机会是留给有准备的人的，要不断升级自己，既要学又要战。

AI时代来临，我依然在学习，不断升级自己的思维，近两年在不断学习AI和实践应用，我每年会给自己5万以上的学习预算，这不是简单的知识付费，而是构建认知防火墙。

改变不是被动应对，而是主动进行认知迭代；真正的改变者，永远站在未来看现在的自己。

 云紫

从园林到屏幕：
一名新媒体操盘手的
转型突围战

- 英语提分规划师
- 字美美练字学堂公众号编辑
- 全媒体运营师，IP操盘手
- 帆书兼职班主任，服务学员超过1000人

我曾用5年光阴在园林行业栽种四季,直到行业寒冬将我连根拔起。两年后,丈量土地的手开始在键盘上敲击流量密码,紧盯施工数据的眼睛转而解析用户增长曲线——这是一场从树木到屏幕前的生死迁徙。当作家张德芬写下"亲爱的,外面没有别人"时,她或许未曾料到,这句话会成为一个传统行业弃儿杀入新媒体战场的号角。

01 围城突围:当安全感成为牢笼

我从毕业开始,在园林行业浸泡了5年多,跟着公司工程项目辗转,从内蒙古到陕西、到湖南、到福建……总是有忙不完的事在等着我。

深夜10点,我坐在电脑前检查着刚完成的工作小结,喝口水,盯着办公室钟表的时间发呆。秒针"哒哒"的声音,像极了领导要求反复修改报告内容时,我心底翻涌着又被强压下来的暴躁与无奈。出差、熬夜、写报告,日子像被设定好的程序:忙碌,但不必思考未来。工资总在工程款到账后姗姗来迟,但至少能让我在十八线小城,活得体面。

直到2022年秋天,裁员通知书划过桌角的裂痕,像一把钝刀切割着我与"稳定"的最后一丝幻想。那天,我抱着自己的物品,站在公司楼下发呆,枯黄的杨树叶落在我肩头——原来职业安全感如同移栽的景观树,看似根系完整,实则经不起环境震荡。

那晚,我窝在宿舍屋里的椅子上,随手翻阅书籍,意外在张德芬《遇见未知的自己》中找到支点:"真正的勇气,是带着恐惧前行。"

这句话成为贯穿我转型全程的锚点,也让我在后续每个决策关口,都将《高效能人士的七个习惯》《原则》等书作为战略指南。

02 破壁之战:用方法论对抗不确定性

2023年2月,我在游泳馆新媒体团队经历了首场败仗。3人团队用手机支架拍摄的游泳教学视频,录制口播视频,播放量都始终卡在3位数。当老板用游泳卡抵发工资时,我意识到商业生态的核心:变现才是王道,其他都是虚妄。

系统学习成为破局关键。

2023年平安夜,我咬碎第三颗薄荷糖,点击了帆书"互联网营销师双证班"的付款键,也开启高强度学习模式:白天拆解100余个爆款案例,将园林设计的"视觉焦点"原则迁移为短视频黄金3秒法则;深夜对镜打磨直播话术,直至40期直播PK赛斩获亚军。在全媒体训练营担任班长期间,带领团队迭代4版活动SOP(标准操作程序)方案,最终获评最优方案。

转型实践中,运营女性成长账号时,遭遇瓶颈(视频播放量＜500,直播留存＜30秒),通过专项提升先后参加主播爆炸营、顶峰训练营,却在导师"缺乏饥饿感"的点评中醒悟人设错配。最戏剧性的是小红书运营阶段,虽以120条笔记收获117条有效线索(转化率56.4%),却也因自己偷懒走捷径引流,触发平台永久限流。这场代价惨痛的数据第一,让我深刻理解新媒体与园林共通的底层逻辑:所有速生系统,都需要遵循生态法则。

03 破茧法则：从知识难民到摆渡人

深夜的电脑蓝光里，学员的那句："转型失败怎么办"刺破屏幕。我愣怔了会儿，才敲下自嘲的回复："失败是成功他妈，但你要先找到她藏起来的子宫。"这话把我自己逗笑了——多像张德芬《活出全新的自己》里说的："痛苦是成长的礼物，只是包装太丑陋。"

在帆书兼职带教学员的500多天，从【双证班】到【全媒体】，再到【AI图文训练营】，我建立起"三阶成长模型"：

1.诊断阶段：用SWOT分析法（优劣分析法）定位个体优势；

2.筑基阶段：以《金字塔原理》搭建内容体系；

3.实战阶段：通过PDCA循环（德鲁克循环）持续优化。

有位宝妈运用这个模型，3个月打造出万粉育儿账号。她写来的感谢信中写道："你教的不是运营技巧，是重构人生的勇气。"

成为"李蕾讲经典"的领读人后，我养成了在通勤路上听书的习惯。《百年孤独》里奥雷里亚诺熔铸金鱼的轮回，恰似转型者将旧行业经验锻造成新世界的船票。当看到《原则》中的"痛苦+反思=进步"公式时，惊觉张德芬的"拆解情绪礼物"早已预言：所有成长，都是对伤口的淬炼与转译。

每次看到学员发来的感谢时，总会想起《你当像鸟飞往你的山》的结局：助人穿越迷雾的过程，本质是与旧我诀别的仪式。当曾用游泳卡抵工资的姑娘，开始教学员设计变现路径时，她终于完成了最隐秘的认证——从知识难民到摆渡人，那些破碎的自我碎片，最终化作了他人路上的星芒。

04 破局实战：认知重构者的系统战法

2024年11月，我入职中医馆企划，面对"年轻人与中医脱节"的困局，我以"三维体验重构"破局：从首场义诊活动15人的惨淡预约，到用深度服务做策略，用口碑拉动"老带新"裂变；促成"中医+运动"的跨场景联盟，实现亚健康场景精准触达；重构美团运营链路时，以"诊疗效果可视化话术+高复购团购设计"提升转化。这场转型初考让我顿悟：传统行业的突围密码，在于将专业术语翻译为消费者的感官语言。

真正验证这套方法论的战略高地，是2025年的保险IP攻坚战。2025年2月，我开始系统学习圈外的操盘手课程。4月，我们9人团队承接保险经纪人IP孵化项目。面对保险行业信任度低、内容同质化严重的困局，我们确定了作战纲领："用系统思维重构认知价值链"，并运用基本了解-IP沟通-同行调研-IP用户调研-确定定位-内容测试-复盘迭代的"IP服务全流程"路径，为IP设计完整的策划案。

通过同行调研、IP用户调研，我们整理出《选题清单》，同时将晦涩的保险条款等专业内容转化为《家庭危机应对手册》，为IP打造"家庭风险咨询师"人设。

内容攻坚阶段遭遇现实打击：知识科普转化类视频较流量类视频，明显播放量会弱一些，团队连夜重构策略——剪辑时将营销类的词句后置，视频的标题、开头要做"大开口"，文案中埋设关键词，让更多的用户对视频产生兴趣，进而可以看到内容，并对IP产生信任，再到主动咨询。

拍摄危机成为转折点。面对IP的镜头持续卡壳，我们启动B方案：改用"客户访谈实录"形式，通过真实理赔案例带出专业解读。这种即时应变得益于《清单革命》中的预案管理思维，反将视频完播率推高至25.98%。20天闪电战中，公域侧打造爆款内容，私域侧沉淀精准用户，形成完整闭环，实现转化。

复盘时我们提炼出"保险IP孵化五力模型"：需求洞察力、内容拆解力、场景构建力、数据敏感力、风险预判力。这个案例后来被写入团队标准化操作手册，成为金融类IP打造范本。

05 破界宣言：在他人命运里照见自己

如今我的办公桌前，贴着三张纸：园林工程项目管理用的工作进度表、保险项目的数据复盘表、学员寄来的感谢信。它们时刻提醒着我新媒体操盘手的本质——用专业能力重构价值链条。

我坚持践行三条准则：

1. 利他优先：每周预留3小时免费咨询时段；
2. 投资认知：将30%的收入用于课程与工具；
3. 时间管理：用金钱购买重复性劳动时间。

正如《穷查理宝典》所说："要得到你想要的某样东西，最可靠的办法是让自己配得上它。"在帮助保险经纪人孵化的过程中，我完成了对自身知识体系的重构：园林设计培养的空间思维，成为内容场景化呈现的底层逻辑；工程管理的节点把控，演化出项目推进的甘特图方法论。

最近重读《高效能人士的七个习惯》，在"影响圈与关注圈"的段落旁,我写下新注解:新媒体人的使命,是不断扩展他人的影响圈。当曾经指导的学员开始独立运营账号时,我清晰感受到——真正的转型成功,在于你赋能的对象正在改变潮水的方向。

春风撞破杨树枝丫的旧痂,皲裂处迸出鹅黄新芽,漫天白絮携着金晖凌空起舞。当绒毛掠过发梢的刹那,突然彻悟生命轮回的深意——那些曾被寒冬撕裂的创口,终将化作托举新绿的云舟;正如转型者刻进骨血的伤痕,会在某个黎明破晓时,凝成照亮远途的星火。

张加加

在时代的洪流里
永远不要放弃自己

- 中央财经大学金融学学士，法国EDHEC（北方高等商学院）硕士
- 钢琴、古筝业余选手（钢琴10级、古筝5级）
- 从事过上市公司风控管理岗位，曾在多家央国企券商投行工作

以前我认为公司有专业财务人员和法务人员，术业有专攻，我做好自己分内事就行。况且传说中会计和法律知识内容多、难度大，我花了时间也不一定能学会。直到有一天知道了"习得性无助"这个心理学概念，我才醍醐灌顶。习得性无助的通俗解释是，当一个人不断地经历失败和挫折，认为自己无论做什么都无法改变结果时，就会陷入无助的状态，从而放弃努力。对此我进行了反思。对于会计和法律知识，我内心想学，但是一直没付诸行动，更别提为之努力过。意识到了这点，我觉得自己可以有所行动，有所改变。如电影《返老还童》(The Curious Case of Benjamin Button) 中讲到的，"一件事无论太晚，或是太早，都不会阻拦你成为你想成为的那个人，这个过程没有时间的期限，只要你想，随时都可以开始。"我决定考证，这成为我中年觉醒，想突破自己的第一个目标。

01 摆正心态，归零启航

学习从调整心态开始，我发现考证和修行很像，心态取决于个人，觉得有趣或者无趣大多是个人主观看法。

心态决定成败。若问国人对2024年巴黎奥运会哪场比赛印象最深，乒乓球男单1/4决赛，樊振东与张本智和的对决绝对给全国人民留下了深刻的印象。樊振东开头连输两局，中途张本智和一度3:2领先，决胜局战至7:7时，樊振东连拿4分，11:7逆转取胜，离奥运冠军又近了一步。比赛中途，樊振东对教练说的"我可以的"，不仅鼓舞了场上观众，也使亿万国人的心潮激荡。国际大赛有人心态崩溃爆冷出局。樊振东令大家见识到王者心态和扎实的基本功，他在逆境中保持着清醒的头脑，不被一时的得失所左右。

把学习当成一件苦差事，大概与受到的教育有关，我们从小听到的都是诸如"学海无涯苦作舟""凿壁偷光"这种学习得吃苦的理论，在心里播下学习苦这颗种子，形成了负面的心理暗示。这就导致还没开始学，就人为制造障碍、预设困难，使人产生抵触情绪。正所谓"不以为苦何来苦"，总有人热爱学习，在学习中取得了正向反馈，感受到学习带来的乐趣，别人不催，他也能坚持学下去。

02 向高手取经，不走弯路走捷径

受柴叶青老师和长腿姑娘影响，我明白了在学习过程中保持谦卑开放心态的重要性。柴叶青老师是国内专业的运动营养学家，长腿姑娘是业内顶尖教练和头部健身博主，两人是各自领域的权威领军人物，但他们从不自吹自擂，不故步自封，总在通过不断学习新知识并传授给学员来造福学员。

方向不对，努力白费。为了避免闭门造车闷头苦学却南辕北辙，我上网看帖子，并向周围朋友请教经验。

关于网上的经验帖，如果不了解发帖人的基础背景和学习能力情况，在科目难易程度和备考时长方面的参考性就有限。我有一个朋友叫涛哥，他备考注册会计师经济法科目时，仅复习3天就看完了辅导书，并顺利通过考试。而这科备考，平常人通常需要花费100小时以上。涛哥是上海交通大学法律专业的高才生，且通过了司法考试，本身学习能力强大，对经济法考试中涉及的知识点，他也具备扎实的基础。普通人没有必要和那些极少数的天才比较，最后易被挫败感打垮。

我在请教备考经验的过程中，感觉最有可比性和参考性的是大学校友。大学录取分数线在一定程度上给学习能力进行了简单归类，大学里传授的专业知识也让大家在基础方面接近。

在普适的学习方法方面，对我最有帮助和启发的是核聚老师。核聚老师在高中二年级时成绩还是400多分，然后用了一年的时间逆袭进入北京大学且获得新生奖学金。核聚老师读博士期间在国家队当了两年教练，后升至科研组组长，带领运动员拿过15块奖牌，其中包括8块金牌。之后在北京大学数学科学学院工作，做博士后科研。

核聚老师提到的三区理论令我印象深刻。三区即舒适区、学习区、恐慌区。比如，我们做加减乘除这种算术题时体会不到任何挑战，这就是处于舒适区；难度增加，但是通过努力还能掌握，这是处在学习区；挑战大到令人不敢面对，这是处在恐慌区。如果从舒适区直接跳到恐慌区，恐慌、焦虑，错综复杂的心理状态就应运而生。高效能的学习是逐渐去拉伸舒适区，即在舒适区和学习区的交界处投入大量的时间。我在学习过程中遇到困难时，会及时停下来思考自己是否处在恐慌区，若是，会设法调整至学习区。

03 巧用方法与窍门，有效努力出成绩

我们上学时老师表扬的大多是学习刻苦、努力用功的学生，学校里没有教过具体的学习方法。重视用功，忽略学习方法使得很多学生

的成绩与投入的努力不成正比。

如今多了手机的干扰,注意力难以集中,找回专注力是个大课题。有时下班了,人离开办公室了,手机还得开着,回家后也要看工作消息。这时番茄工作法就派上用场了。传统的番茄工作法是专注工作25分钟,然后休息5分钟,如此往复循环。刚开始专注工作时,如果觉得25分钟太长,可以修改成20分钟、15分钟甚至10分钟,但是要保证工作期间全身心投入,把手机扔远点(除非有天大的事必须随时应答)。一旦头脑里有其他杂念,可以在本上快速写下,写完就不要再考虑这些事情,等工作结束后再去解决杂念中涉及的问题。

有时上网明明是要查资料,结果却被网上别的信息勾走了注意力,然后漫无目的地浏览了半天的网页。为了防止出现这种情况,上网前,可用本子列好待查内容的清单,完成一项打一个对钩。

看纸质书和讲义时,如果注意力难以集中,可以试试ADHD辅助阅读书签,拼多多上几元钱就能买到。

网络发展与技术革新,虽使一部分人对电子产品上瘾,但也使求知者足不出户即可聆听名师倾囊相授的精品网课,堪称普罗大众求知路上的天梯。

在选择授课老师的问题上,别人说好的未必适合你。有的老师是段子手型,有的老师是纯干货型;有的老师适合文科思维强的人,有的老师适合理科思维强的人。即使是名师,也无法做到讲课人人喜欢听,选择适合自己的最重要。

现在的课程花样繁多,有直播形式的,有录播形式的。有人喜欢录播课,因为可以倍速播放,能用更短时间听完;有人喜欢直播课,因为有互动，老师可以当堂解答问题。直播和录播哪个更好，因人而异，自己试过才知道，不能听机构的一面之词。

核聚老师举过一个例子，用无穷无尽的能量和时间却烧不开一壶水。具体做法是每次烧到四五十度就停掉，水凉了变成三十多度，再烧到四五十度，停掉水变凉，再烧，再停……这样即使用了无穷无尽的时间和能量，也烧不开一壶水。

这个例子反映在学习上就是如果不及时复习，前面学过的内容就会逐渐模糊，直至被遗忘。复习间隔的时间越久，复习的效率就越低。根据艾宾浩斯遗忘曲线的原理，课后不马上复习，大部分的内容都会在几个小时内从大脑中消失。下次再捡起来，需要多耗费一些不必要的时间。但如果课后及时重新浏览一下讲过的内容，回想一下这部分内容老师是如何讲解的，相当一部分内容就在头脑中存了下来。多次复习，就形成了永久记忆。课后及时复习，而不是赶进度，看上去好像比别人的进度慢，但花时间将学过的内容整理好，长久保存在记忆里，最终掌握到相同程度，总体花费的时间会比不复习花得少，相当于提升了效率。

之前有个没及格的考友来问经验，经交流得知，她整个学习过程缺少复习，她觉得复习会占用时间，影响进度。她说，学到后面脑子里是一团糨糊。等到第一轮学完，开始第二轮时，发现第一轮学过的东西都忘了。最终花费了几百个小时，仍然通不过考试。与其盲目赶进度，最终考试通不过，不如一开始就扎扎实实地学，及时复习，把学过的内容掌握好，稳扎稳打。

这位考友还有一个误区，那就是第一轮只听课不做题，听完一轮课才开始做题,结果发现前面听的课都忘了,又重新学。这样,看似花了很多时间刻苦用功,实则是陷入了自我感动,考不过又会带来挫败感。

我有一个朋友Milk,法律零基础,白天上班,晚上有时还要加班,挤时间学习,3个月通过法考。据他分享,做题对于他成功通过考试起到了至关重要的作用。听课是被动输入。而做题是主动输出,既能加深对知识点的理解,还能检验对知识的掌握程度,便于后续查漏补缺。

有时一看章节习题有几十道,好似一座大山,就感到畏惧。这时,可以通过人为调整的方式,把状态从恐慌区调整到学习区。具体方法是,第一天做单选题,第二天做多选题,第三天做主观题。对于做错的题和拿不准的题目,不光要看题后解析,还要对着讲义去找相关知识点。每天做完题,都要把章节讲义复习一遍,这样做完一章题,讲义也复习了好几遍,在短时间内形成了牢固记忆。

晚上学习效率低下,不妨试一下《精力与时间双重管理研习手册》中讲到的傍晚20分钟小睡法,醒来会感觉精力更充沛了。人的身体不是永动机,学习之后需要通过休息给身体和大脑"充电",毕竟,有张有弛才能走得更远。

04 学以备用,成人达己

取得证书未必意味着成了万里挑一的精英,尤其现在还有"考证无用论"这种说法。考证不仅是为了掌握专业知识,也是为了让自己多一些选择的自由,在学以致用之外,还可以学以备用。

与朋友们交流探讨，得知朋友们也取得了满意的成绩。

我的朋友一丹备考经济师的时间只有两周，时间紧迫。起初她做套卷，分数只有六七十分，达不到84分的及格线，但她不急功近利，不盲目采用题海战术，而是做完题之后回归讲义，吃透知识点，做完一道题就有一道题的收获，最终顺利高分通过考试。

我的朋友阿小最开始觉得自己不擅长理科，对财务成本管理这门涉及大量计算的考试心存恐惧，通过采用科学的学习方法，模仿并刻意练习，她在考场上也如行云流水般把题做了出来，最终成功通过考试。阿小领悟到，只要重复练习到极致，就一定能通过考试。

在学习过程中不断获得的正向反馈，丰富了我的内心世界。我的知识和技能水平、抗压能力等都进一步提高，人生质感也在不断提升。